Design digital 3D
Primeiros passos

ADMINISTRAÇÃO REGIONAL DO SENAC NO ESTADO DE SÃO PAULO

Presidente do Conselho Regional
Abram Szajman

Diretor do Departamento Regional
Luiz Francisco de A. Salgado

Superintendente Universitário e de Desenvolvimento
Luiz Carlos Dourado

EDITORA SENAC SÃO PAULO

Conselho Editorial
Luiz Francisco de A. Salgado
Luiz Carlos Dourado
Darcio Sayad Maia
Lucila Mara Sbrana Sciotti
Luís Américo Tousi Botelho

Gerente/Publisher
Luís Américo Tousi Botelho

Coordenação Editorial
Verônica Pirani de Oliveira

Prospecção
Andreza Fernandes dos Passos de Paula
Dolores Crisci Manzano
Paloma Marques Santos

Administrativo
Marina P. Alves

Comercial
Aldair Novais Pereira

Comunicação e Eventos
Tania Mayumi Doyama Natal

Edição e Preparação de Texto
Bruna Baldez

Coordenação de Revisão de Texto
Marcelo Nardeli

Revisão de Texto
Vivian Coelho

Coordenação de Arte e Projeto Gráfico
Antonio Carlos De Angelis

Capa e Editoração Eletrônica
Leonardo Miyahara

Impressão e Acabamento
Rettec Artes Gráficas

Proibida a reprodução sem autorização expressa.
Todos os direitos desta edição reservados à

Editora Senac São Paulo
Av. Engenheiro Eusébio Stevaux, 823 – Prédio Editora – Jurubatuba
CEP 04696-000 – São Paulo – SP
Tel. (11) 2187-4450
editora@sp.senac.br
https://www.editorasenacsp.com.br

© Editora Senac São Paulo, 2024

Dados Internacionais de Catalogação na Publicação (CIP)
(Simone M. P. Vieira – CRB 8ª/4771)

Candreva, Eduardo Umberto de Oliveira
  Design Digital 3D / Eduardo Umberto de Oliveira Candreva, Paulo Henrique Marques da Silva, Regis Akira Sato. – São Paulo: Editora Senac São Paulo, 2024.

  Bibliografia.
  ISBN 978-85-396-4469-8 (Impresso/2024)
  e-ISBN 978-85-396-4468-1 (ePub/2024)
  e-ISBN 978-85-396-4467-4 (PDF/2024)

  1. Design digital   2. Animação 3D   3. Modelagem 3D
I. Silva, Paulo Henrique Marques da.   II. Sato, Regis Akira.
III. Título.

24-2194r   CDD–006.6
                                                 745.4
                                              778.5347
                                        BISAC COM012000
                                              PER017000
                                             COM060130

Índices para catálogo sistemático
  1. Computação gráfica: Design digital   006.6
        2. Design gráfico   745.4
           3. Animação   778.5347

Eduardo Umberto de Oliveira Candreva
Paulo Henrique Marques da Silva
Regis Akira Sato

Design digital 3D
Primeiros passos

Editora Senac São Paulo – São Paulo – 2024

Sumário

APRESENTAÇÃO | 7

PLANEJAMENTO DE ANIMAÇÃO 3D | 9
    1. Introdução | 10
    2. História da animação | 13
    3. A narrativa | 26
    4. O roteiro técnico | 29
    5. Concept art e character design | 35
    6. Elementos cinematográficos | 38
    7. Storyboard | 49
    8. Animatic | 53
    9. Os 12 princípios da animação | 55
Arrematando as ideias | 60

DESENVOLVIMENTO DE MODELAGEM TRIDIMENSIONAL | 63
    1. Onde trabalhar? | 64
    2. Modelagem 3D | 68
    3. Aplicação de materiais, texturas e configurações de renderização | 108
Arrematando as ideias | 139

ANIMAÇÃO DE ELEMENTO TRIDIMENSIONAL | 141
    1. Por dentro das etapas da produção | 142
    2. O rigging 3D | 162
    Respostas da prática | 180
Arrematando as ideias | 180

Renderização de animação 3D | 183
1. Finalização de um projeto de animação | 184
2. Renderização | 185
Arrematando as ideias | 202

Referências | 203

Apresentação

O desenvolvimento das tecnologias tridimensionais revolucionou diversas áreas de estudo e profissionais, desde mídias e entretenimento até arquitetura, design e educação. Quais são os caminhos para a atuação e o sucesso numa produção 3D?

Nesta obra, vamos descobrir a importância de planejar antes de iniciar um projeto de animação, entendendo como elaborar um roteiro técnico, o que é o storyboard e o animatic, e como trabalhar com elementos narrativos e cinematográficos.

Em seguida, abordaremos os conceitos básicos de modelagem 3D, passando pelas etapas de texturização, rigging, animação digital, renderização e composição de objetos e personagens. Conheceremos as ferramentas e os softwares de modelagem, texturização e render mais usados no mercado.

Ao final, você será capaz de criar suas próprias animações digitais, desde curtas-metragens até jogos e aplicativos. Você também poderá usar suas habilidades para trabalhar em projetos profissionais, como filmes, séries, comerciais e muito mais.

O design digital 3D é um campo em evolução que oferece muitas oportunidades e desafios para quem se dedica a ele. Se você tem paixão por essa arte, não deixe de aprender e se aperfeiçoar.

Acompanhe-nos nesta grande aventura!

CAPÍTULO 1

Planejamento de animação 3D

Cena do projeto de animação 3D *Golzin do Futuro* criado por alunos do curso Técnico de Computação Gráfica do Senac São Bernardo do Campo (2018/2019). Integrantes: Nascimento, Ponce e Souza.

O desenho animado, animação digital ou simplesmente animação é uma forma popular de contar histórias visualmente, arte que combina criatividade, tecnologia e narrativa. Com ela, você pode dar vida a personagens, cenários e histórias que encantam, emocionam e inspiram o público.

Você já participou de um projeto de animação ou tem vontade de participar?

Na imagem anterior, podemos observar uma cena de um projeto criado por um grupo de alunos do Senac. Para obter esse resultado, eles precisaram entender primeiro alguns conceitos, as etapas de trabalho e quais recursos seriam utilizados.

Para começar, discutiremos neste primeiro capítulo o contexto histórico da animação 2D e 3D, a criação de elementos narrativos para o roteiro técnico de animação, as etapas de planejamento desse roteiro, o desenvolvimento do concept art e character design, os 12 princípios da animação, bem como os fundamentos de vídeo, planos de câmera, enquadramentos e movimentações de câmera, até a criação do storyboard e do animatic.

1. INTRODUÇÃO

Entendendo o que é animação

A animação é uma técnica que permite criar a ilusão de movimento usando uma série de imagens sequenciais. Essas imagens, chamadas de quadros, são exibidas em rápida sucessão para dar a sensação de movimento contínuo. A animação pode ser feita em diferentes mídias, tais como filmes, desenhos animados, jogos e até mesmo em apresentações de slides.

A *animação 2D* é tradicionalmente feita à mão, desenhando quadro a quadro em folhas de papel, acetato ou usando software de animação.

Já a *animação 3D* envolve a criação de modelos tridimensionais e a manipulação desses modelos em um ambiente virtual. Essa animação pode ser mais complexa e requer habilidades em modelagem, texturização, iluminação e animação de personagens.

Planejar um projeto de animação é essencial para garantir que a história seja bem contada e que o resultado final atenda às expectativas. Durante o planejamento, é importante definir os personagens, a história, o estilo visual e os recursos necessários. Isso ajudará a guiar todo o processo de criação da animação.

O que são frames ou quadros?

Frames ou quadros são as imagens individuais que compõem uma animação. Cada quadro mostra uma pequena mudança em relação ao anterior, como a posição de um objeto ou o movimento de um personagem. Quando esses quadros são exibidos em rápida sucessão, eles criam a ilusão de movimento contínuo, que é característico da animação. Em outras palavras, um filme de animação é uma sequência de frames exibidos em alta velocidade para causar a impressão de movimento.

Figura 1.1 – Ilustração para frames

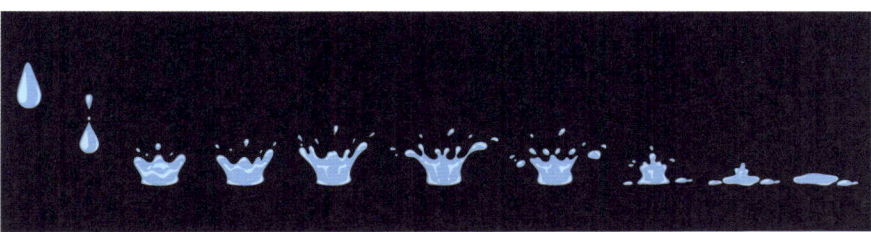

Quando falamos em persistência visual, referimo-nos à capacidade do olho humano de reter uma imagem por um curto período, mesmo quando a fonte de luz é removida. Essa propriedade é fundamental para a percepção de movimento em animações.

Os frames, como vimos, são as imagens individuais que compõem uma animação. Quando exibidos em rápida sucessão, eles exploram a persistência visual, criando a ilusão de movimento contínuo. Portanto, cada frame é uma imagem estática que, quando apresentada em sequência, cria a sensação de movimento.

Figura 1.2 – Teste de persistência visual

Concentre-se por 30 segundos no ponto branco ao centro da figura e feche os olhos por 10 segundos.
Crédito: Dimitri Parant/CC BY-SA 2.0.

2. HISTÓRIA DA ANIMAÇÃO

Joseph Plateau e o fenacistoscópio

Joseph Plateau foi um físico belga do século XIX que fez importantes contribuições para o desenvolvimento da animação. Ele é mais conhecido pela invenção do fenacistoscópio, um dispositivo que cria a ilusão de movimento a partir da sucessão rápida de imagens, e que foi criado para demonstrar sua teoria da persistência na retina em 1829.

Figura 1.3 – Joseph Antoine Ferdinand Plateau (1801-1883), Bruxelas

O fenacistoscópio consiste em um disco giratório com uma série de imagens desenhadas em sequência. Quando o disco é girado rapidamente e observado através de pequenas aberturas, as imagens parecem se mover, criando a ilusão de animação. Essa invenção revolucionou a forma como as pessoas percebiam e criavam animações na época.

Figura 1.4 – O fenacistoscópio de Joseph Plateau

O dispositivo é considerado o primeiro mecanismo para animação e contava com o princípio da persistência da visão para exibir a ilusão de imagens em movimento.

Eadweard Muybridge e as imagens sequenciais por fotografias

Eadweard Muybridge foi um fotógrafo inglês do século XIX que fez importantes contribuições para o campo da animação e da fotografia em movimento. É mais conhecido por suas fotografias de alta velocidade, que capturavam o movimento de pessoas e animais em detalhes precisos.

Muybridge foi pioneiro na utilização de múltiplas câmeras para capturar o movimento em sequência. Ele desenvolveu um sistema chamado zoopraxiscópio, que projetava essas sequências fotográficas em movimento, criando a ilusão de um filme em ação.

Figura 1.5 – Eadweard Muybridge (1830-1904)

As contribuições de Muybridge foram fundamentais para o desenvolvimento da animação e do cinema. Seu trabalho abriu caminho para o desenvolvimento de técnicas mais avançadas de animação e para a criação do cinema como o conhecemos hoje.

Figura 1.6 – *Animal Locomotion, Plate 626*, de Eadweard Muybridge, Filadélfia, 1887

Georges Méliès e os filmes com truques

Cineasta francês que viveu no final do século XIX e início do século XX, Georges Méliès é mais conhecido por seus filmes de ficção científica e fantasia, que eram extremamente inovadores para a época.

Foi um dos primeiros cineastas a usar efeitos especiais em seus filmes, criando ilusões de ótica e truques cinematográficos que impressionaram o público. Também foi um dos primeiros a usar cenários e figurinos elaborados em seus filmes.

Figura 1.7 – Marie Georges Jean Méliès (1861-1938), Paris, França

Méliès começou sua carreira no teatro, mas logo se interessou pelo cinema e começou a produzir seus próprios filmes. Ele fundou a produtora Star Film Company e produziu mais de 500 filmes durante sua carreira.

Infelizmente, a carreira de Méliès foi prejudicada pelo advento do cinema narrativo e pela Primeira Guerra Mundial. O cineasta acabou falindo e foi esquecido pelo público por muitos anos. No entanto, seu trabalho foi redescoberto na década de 1920, e hoje ele é considerado um dos pioneiros do cinema.

Figura 1.8 – Cena do filme francês *Le voyage dans la Lune* (*Viagem à Lua*), de Georges Méliès, 1902

Max Fleischer e a rotoscopia

Max Fleischer foi um polaco-americano pioneiro na indústria de animação que contribuiu significativamente para o desenvolvimento e avanço dessa forma de arte. Ele é particularmente lembrado pela invenção do rotoscópio, usado pela primeira vez em 1915 para criar uma animação chamada *Out of the Inkwell*, estrelada por seu personagem Koko the Clown.

Conhecido por suas inovações técnicas na animação, Max também desenvolveu o processo *Song Car-Tunes*, que sincronizava desenhos animados com faixas de música.

Figura 1.9 – Max Fleischer (1883-1972)

Max Fleischer interpreta a si mesmo em *A ascensão de Betty Boop à fama* (1934).

O rotoscópio é uma técnica de animação por meio da qual animadores desenham quadro a quadro sobre cenas filmadas previamente em *live-action*. Isso proporciona animações realistas e movimentos fluidos, pois os desenhos são baseados diretamente no movimento humano autêntico. Utiliza-se uma mesa de luz para projetar cenas filmadas sobre o papel, enquanto os animadores desenham quadro a quadro seguindo os contornos e movimentos dos personagens reais filmados, dando um toque de complexidade e realismo às animações.

Figura 1.10 – Rotoscópio

Max e seu irmão Dave Fleischer fundaram o Fleischer Studios em 1921. Esse estúdio produziu várias séries e personagens animados populares, incluindo Betty Boop e Popeye.

Com o seu rotoscópio – embora essa não seja a única técnica de animação utilizada –, Max Fleischer ganhou destaque no desenvolvimento da animação cinematográfica, permitindo a captura de movimentos realistas e a criação de sequências animadas que combinavam elementos do mundo real com a imaginação animada.

Walter Elias Disney e a animação clássica

Walter Elias Disney (Walt Disney) nasceu em 1901, em Chicago, Illinois. Figura icônica na animação clássica, teve um papel crucial na transformação das formas breves e humorísticas do desenho animado em narrativas mais complexas e emotivas. Mudou-se para Hollywood em busca de um sonho e lá começou a traçar os contornos do que viria a ser um império de entretenimento sem precedentes.

Com a introdução do Technicolor e obras-primas como *Branca de Neve e os sete anões* (1937) e *O rei leão* (1994), a Disney estabeleceu um padrão de excelência narrativa, elevando a animação a um patamar artístico respeitável. A magia desses desenhos animados não estava apenas na tela, mas na capacidade de tocar o coração das pessoas, jovens e adultos. Seus personagens divertem, transmitem valores, lições e emoções que atravessam gerações.

O mundo de Walt Disney é habitado por uma galeria de personagens atemporais. Desde o adorável Mickey Mouse até a elegante Cinderela, cada personagem é uma extensão da visão única de Walt. Com a criação da Disneyland, seu parque temático, abriram-se novos horizontes na experiência do entretenimento, em terras de encanto e maravilha, onde os sonhos se tornam realidade, como dizia Walt Disney.

Figura 1.11 – Mickey Mouse em *O vapor Willie* (1928)

Falecido em 1966, Walt Disney foi, além de um cineasta e empresário de sucesso, um contador de histórias, um arquiteto de sonhos que construiu um império sobre a base da imaginação. Sua vida é uma ode à criatividade, à perseverança e à crença de que a magia é mais do que truques visuais; é a capacidade de fazer as pessoas acreditarem no extraordinário. Ele deixou um legado duradouro que transcende as fronteiras do tempo, um testemunho da força transformadora da imaginação.

Stop motion e a ilusão de movimento

A técnica do stop motion é uma forma de animação que utiliza uma série de fotografias para criar a ilusão de movimento. Embora remonte aos primórdios do cinema, continua a fascinar e desafiar animadores, oferecendo uma estética única e uma abordagem artesanal para contar histórias visuais.

O pioneirismo dessa técnica é muitas vezes atribuído a Albert E. Smith e J. Stuart Blackton, que, em 1897, utilizaram a técnica para dar vida a objetos inanimados em seu filme *The humpty dumpty circus* (desconhecido o registro de cópia). Esse foi o marco inicial que revelou o potencial da animação quadro a quadro.

A técnica cresceu e evoluiu ao longo do século XX, impulsionada por avanços tecnológicos e pela imaginação de cineastas visionários. Willis O'Brien, conhecido por seu trabalho em *King Kong* (1933), foi um dos primeiros a aplicar a técnica em larga escala, incorporando dinossauros animados em cenas com atores reais.

Ray Harryhausen, um mestre da animação stop motion, elevou a técnica a novas alturas em filmes como *Jasão e os argonautas* (1963) e *Fúria de titãs* (1981). Seu trabalho meticuloso e apaixonado influenciou gerações posteriores de cineastas. No mundo contemporâneo, em que a animação digital domina, o stop motion manteve sua relevância e encanto. Filmes como *A fuga das galinhas* (2000) e *Coraline* (2009) demonstram que, apesar das inovações tecnológicas, a estética única cativa seu público.

O stop motion envolve fotografar quadro a quadro, movendo os objetos ou personagens entre cada fotograma. Essas imagens, quando reproduzidas em sequência, criam a ilusão de movimento. O processo é lento e requer paciência e precisão, mas é exatamente essa meticulosidade que confere às produções uma qualidade artesanal e exclusiva. E os desafios são únicos, desde a sincronização precisa dos movimentos até a gestão da iluminação e cenografia. No entanto, são esses desafios que também oferecem recompensas únicas, como a estética tátil e a sensação de que cada frame é uma obra de arte.

A técnica do stop motion é uma celebração da criatividade humana e da capacidade de dar vida ao inanimado.

A digitalização e a animação 2D

Com o avanço da tecnologia digital, a animação 2D se tornou mais acessível e versátil. A transição de pranchetas e celuloides para tablets e softwares de animação permitiu uma maior eficiência e flexibilidade aos animadores.

A digitalização do processo não apenas preservou a essência artística da animação 2D, mas também a lançou para novas fronteiras criativas. Mantendo os princípios fundamentais da animação clássica, mas com ferramentas digitais avançadas, os personagens, cenários e objetos passaram a ser desenhados digitalmente a partir de softwares especializados, como o Adobe Animate, Toon Boom Harmony, entre outros.

A animação é realizada quadro a quadro, e cada quadro representa um momento específico de movimento. Os animadores dão vida aos desenhos, criando transições suaves entre os quadros. A colorização é aplicada digitalmente, abarcando uma ampla gama de opções em termos de paleta de cores e texturas. A edição finaliza a sequência, ajustando a velocidade, adicionando trilhas e efeitos sonoros, e aprimorando visualmente a animação.

Desde clássicos da Disney até produções contemporâneas, como séries animadas e curtas-metragens, a animação 2D continua a contar histórias cativantes e encantar públicos de todas as idades.

A revolução tridimensional com a animação 3D

A semente da animação digital 3D foi plantada nas décadas de 1960 e 1970, quando floresciam os avanços na computação gráfica. Pesquisadores, engenheiros e artistas visuais começaram a explorar o potencial de representações tridimensionais geradas por computador.

Um dos marcos iniciais foi o filme *Westworld* (1973), que incorporou os primeiros e rudimentares gráficos 3D em uma produção cinematográfica. O aumento da capacidade de processamento, o desenvolvimento de algoritmos mais sofisticados e o uso de softwares especializados permitiram a criação de imagens tridimensionais cada vez mais realistas.

O filme *Toy story* (1995), produzido pela Pixar Animation Studios e dirigido por John Lasseter, foi um divisor de águas. Esse filme, o primeiro totalmente gerado por computador, não só provou a viabilidade da animação digital 3D como demonstrou seu potencial artístico.

IMPORTANTE

A animação digital 3D difere fundamentalmente da animação tradicional em sua abordagem técnica. Em vez de desenhar quadro a quadro, os animadores modelam personagens e cenários tridimensionais em softwares especializados, dando-lhes vida por meio de movimentos e expressões digitais. Esses modelos são iluminados, texturizados e animados, criando uma riqueza visual que transcende os limites da tela.

Um dos aspectos distintivos da animação digital 3D é a atenção meticulosa dada à iluminação e texturização. A luz é simulada digitalmente para criar sombras e reflexos realistas, enquanto as texturas aplicadas aos modelos contribuem para a sensação de tangibilidade e autenticidade.

Além do cinema, a animação digital 3D encontrou aplicação em diversas áreas, incluindo jogos eletrônicos, publicidade, simulações científicas e treinamentos virtuais. Sua versatilidade e capacidade de criar mundos virtualmente ilimitados inspiram novas formas de expressão visual.

À medida que a tecnologia evolui, podemos antecipar um futuro emocionante para a animação digital 3D. *A fusão entre inteligência artificial, realidade virtual e técnicas mais avançadas de animação promete expandir fronteiras criativas e narrativas.*

Mais que uma expressão artística, a animação digital 3D é uma revolução que redefine nossa relação com a imagem em movimento. Originada de experimentos iniciais e alimentada pelo engenho humano, essa forma de animação tornou-se uma parte intrínseca da paisagem cinematográfica contemporânea, proporcionando experiências visuais que encantam, emocionam e desafiam nossas percepções da realidade.

Enquanto continuamos a testemunhar os avanços extraordinários na animação digital 3D, somos lembrados de que estamos apenas começando a desbravar os infinitos horizontes dessa forma de arte digital em constante evolução.

CURIOSIDADE

A produção do filme *Cassiopéia* foi dirigida pelo animador Clóvis Vieira e contou com uma equipe de 3 diretores de animação e 11 animadores trabalhando em uma rede de 17 microcomputadores 486 DX2-66. O filme começou a ser produzido em janeiro de 1992, com a modelagem dos ambientes e personagens e a criação da história e roteiro.

Em janeiro de 1993, foi iniciado o processo de animação. O trabalho de geração de imagens terminou em agosto de 1995. A trilha sonora foi completada em dezembro de 1995, e a primeira cópia ficou pronta em janeiro de 1996. O software utilizado foi o Topas Animator, produzido pela Crystal Graphics, que já estava obsoleto na época da produção.

Cassiopéia é o primeiro longa-metragem do mundo feito 100% em computador. Lançado oficialmente nos cinemas em 1º de fevereiro de 1996, o longa levou 4 anos para ficar pronto e custou R$ 1,5 milhão.

Os produtores da Disney, quando ficaram sabendo que já havia 40 minutos de filme pronto, correram com seus orçamentos milionários para produzir e lançar *Toy story* quase 3 meses antes. A diferença é que *Toy story* utilizou modelos de argila no meio da produção; já *Cassiopéia* não teve nenhuma interferência externa ao computador, e isso o torna de fato o primeiro filme 100% digital.

3. A NARRATIVA

Neste tópico, vamos detalhar os diferentes elementos narrativos que contribuem para o desenvolvimento da história em uma animação e como esses elementos são usados para transmitir emoções e impulsionar a trama.

A narrativa é uma ferramenta que permeia todas as formas de expressão humana e tem papel central na compreensão e construção de significado. É fundamental para transmitir ideias e mensagens, entreter, educar e criar conexões emocionais com o público.

A animação é uma forma única de contar histórias, na qual personagens, cenários e objetos ganham vida de maneira mágica. Um dos pilares na criação de uma animação é a elaboração de elementos narrativos eficazes, carismáticos e com a identidade de seu público.

A base da narrativa

Antes de mergulhar na criação de elementos, é necessário compreender a base da narrativa. Cada animação é uma história, e toda boa história tem alguns elementos-chave:

- *Narrativa:* presente em diversos meios de comunicação, como literatura, cinema, teatro, música, pintura e animações. É o modo como uma história é contada ou a estrutura que dá forma a uma sequência de eventos ou acontecimentos.

- *Personagens:* são os protagonistas da história e que impulsionam a narrativa. Eles têm objetivos, enfrentam desafios e evoluem ao longo do enredo.

- *Trama:* refere-se ao enredo ou à história principal que é desenvolvida. É o conjunto de eventos, ações e desenvolvimentos que constituem a narrativa central da animação. A trama é o fio condutor que guia a história e mantém o público envolvido.

- *Enredo:* é a sequência de eventos que compõem a história. É construído em torno de um assunto/acontecimento/conflito central que cria tensão/curiosidade/segredo/mistério e mantém o interesse do público.

- *Ambiente:* o ambiente ou cenário fornece o contexto no qual a história se desenrola. Ele não apenas oferece um local/época/tempo para os eventos, mas também pode influenciar o humor e a atmosfera da narrativa.

- *Atos:* são as principais divisões estruturais de um roteiro ou narrativa; usados para dividir a história em segmentos. Geralmente, um roteiro é dividido em três atos.

- *Pontos de virada:* são momentos cruciais na narrativa em que ocorrem mudanças significativas e que introduzem reviravoltas na trama, afetando o destino dos personagens e o desenvolvimento da história.

Os elementos da narrativa

Os elementos narrativos propriamente ditos são:

- *Design do personagem:* cada personagem deve ter um design que reflita sua personalidade e característica. Os elementos visuais, como aparência, vestuário e expressões faciais, são importantes para a identificação e conexão do público com os personagens. Os personagens, muitas vezes, passam por arcos de desenvolvimento, em que começam em um estado inicial, enfrentam desafios e crescem ao longo da história. Desenvolver o arco do personagem é essencial para criar personagens atraentes e carismáticos. A escolha das palavras, a entonação e o ritmo da fala também revelam muito sobre os personagens e ajudam a avançar na trama.

- *Movimento do personagem:* o movimento é fundamental na animação. A forma como os personagens se movem e interagem com o ambiente comunica emoção, intenção e personalidade. A animação de movimento deve ser cuidadosamente planejada e executada, afinal cada personagem tem a sua característica (personalidade), seu modo de se movimentar e se vestir, e sua anatomia.

- *Cenários e atmosfera:* os cenários são elementos narrativos por si só. Eles podem criar uma atmosfera específica, estabelecer um contexto histórico e até mesmo desempenhar um papel ativo na trama. A escolha de locais e a criação de cenários são partes vitais da narrativa da animação.

- *Música e som:* a trilha sonora e os efeitos sonoros são elementos poderosos. Eles acentuam emoções, estabelecem o tom e podem até contar uma parte da história sem palavras. Uma animação não necessita de falas, mas não há como evitar os efeitos sonoros.

- *Ritmo narrativo:* o *timing* de eventos, pausas, acelerações e reviravoltas afeta a maneira como a história é percebida pelo público. O ritmo deve ser ajustado para manter o interesse e a atenção.

A criação de uma narrativa

A narração é um texto dinâmico que contém várias dependências. É como contar um fato, uma história, um "causo". E cada fato ocorre em determinado tempo, em algum espaço, com seus personagens e um enredo sempre com começo (1º ato), meio (2º ato) e fim (3º ato).

4. O ROTEIRO TÉCNICO

O roteiro é um documento escrito que serve como um plano para a criação de uma produção audiovisual. Descreve a história, os diálogos, as ações dos personagens, os cenários e outros elementos necessários para a realização da produção.

Sua função principal é fornecer um plano detalhado que ajuda a equipe de produção a entender como a história será contada visualmente e a traduzir a visão do roteirista ou diretor para o formato audiovisual. Isso inclui a organização das cenas, os ângulos da câmera, as transições, as falas dos personagens e as indicações de cena.

O roteiro técnico para animação envolve transformar a narrativa e os elementos da história em um plano prático e detalhado que a equipe de produção possa seguir de forma clara e objetiva, incluindo orientações de direções para animadores sobre como criar movimentos e ações dos personagens.

Na criação de um roteiro, o roteirista é responsável por desenvolver a história, os personagens e a estrutura narrativa. Bem elaborado, o roteiro funciona como um guia para a equipe de produção, diretores, atores, cinegrafistas e outros envolvidos no projeto, garantindo que a visão criativa seja concretizada de forma uníssona, consistente e eficaz.

Vamos aprender a *criar um roteiro técnico para animação?*

Defina a história e o público-alvo

Comece definindo claramente a história que você deseja contar e identifique o público-alvo da animação, direcionando o tom, estilo e seu conteúdo. Organize o texto se fazendo alguns questionamentos, tais como:

- O que aconteceu? (Enredo)
- Quando aconteceu? (Tempo)
- Onde aconteceu? (Espaço)

- Com quem aconteceu? (Personagens)
- Como aconteceu? (Trama, desenrolar, clímax)

Esboce um roteiro de texto

Descreva a narrativa da animação incluindo diálogos, descrições de cenas, ações dos personagens e qualquer outra informação relevante para a história.

- *Introdução*: com quem aconteceu? Quando aconteceu? Onde aconteceu?
- *Desenvolvimento*: o que aconteceu? Como aconteceu? Por que aconteceu?
- *Conclusão*: qual a consequência desses acontecimentos?

Utilize uma estrutura dramática, que é a organização da história contada em um roteiro dentro de uma sequência de eventos que se desenrolam em três atos:

- *Ato 1 (apresentação)*: é o início da história, no qual os personagens, o cenário e os conflitos iniciais são apresentados. É a fase de introdução, em que o público é imerso no mundo da história e conhece os personagens principais. Corresponde a cerca de 25% da trama.
- *Ato 2 (confronto)*: é o desenvolvimento da história. Aqui, os conflitos se intensificam, os personagens enfrentam desafios e a trama se desdobra. A história inteira é impulsionada por algo chamado "necessidade dramática" – o tal objetivo –, que nada mais é do que aquilo que a personagem principal deseja alcançar/conseguir/realizar.
- *Ato 3 (desfecho)*: é a conclusão da história. Os conflitos atingem seu ápice e as resoluções ocorrem. O ato 3 envolve o clímax, no qual o conflito central é resolvido, seguido pela queda de ação, que encaminha a história para o seu desfecho.
- *Ponto de virada 1 (PV1)*: é o ponto de virada no final do primeiro ato. Geralmente, envolve um evento ou decisão que força os personagens a se comprometerem com a jornada que se inicia. É o momento em

que a história toma uma direção clara e os conflitos principais são estabelecidos.

- *Ponto de virada 2 (PV2)*: ocorre no final do segundo ato, especificamente no ponto médio da história. Neste momento, algo acontece para alterar significativamente as circunstâncias dos personagens e intensificar o conflito, frequentemente direcionando a história para o clímax.

Figura 1.12 – Curva dramática e o paradigma de roteiro

Entendendo como funciona a estrutura dramática, decida como a câmera se moverá em cada cena. Isso inclui ângulos de câmera, *movimentos* de câmera e *enquadramentos*. Esboços ou diagramas podem ser úteis para visualizar isso.

Desenhe um storyboard para cada cena, representando visualmente como as cenas serão animadas quadro a quadro. Isso ajuda a planejar a composição visual e a progressão da cena.

Para cada cena, descreva em detalhes as ações e os movimentos dos personagens. Insira informações sobre expressões faciais, gestos e qualquer ação específica que seja importante para a narrativa.

Liste quaisquer efeitos visuais especiais ou sonoros que serão necessários para cada cena. Isso pode incluir *transições*, efeitos de *iluminação*, *música*, sons de fundo, etc.

Indique a duração estimada de cada cena ou sequência. Isso ajuda a planejar o ritmo e o fluxo da animação.

Por fim, organize todas as informações em um documento estruturado e de fácil leitura. Certifique-se de que a formatação seja clara e consistente.

Após criar o roteiro técnico, revise-o com membros da equipe de produção, animadores e outros envolvidos no projeto, para garantir que todos tenham uma compreensão clara do que é preciso para a animação.

Esteja aberto a ajustar o roteiro técnico à medida que a produção avança. Às vezes, mudanças são necessárias conforme a animação toma forma.

Figura 1.13 – Roteiro técnico

Cena 1	Cena 2
Descrição: A caixa do brinquedo está no chão, ela acaba de chegar. Brinquedos jogados no chão estão em volta da caixa, porém o foco da cena é a caixa do carrinho.	Descrição: O garoto coloca o carrinho no chão
Ambiente	**Ambiente**
Local: INT. QUARTO DO JOVEM	Local: INT. QUARTO DO JOVEM
Iluminação: Dia (Amarelo/Branco)	Iluminação: Dia (Amarelo/Branco)
Câmera	**Câmera**
Plano: Close > Plano Aberto	Plano: Plano Aberto
Ângulo: 3/4	Ângulo: Perfil
Movimento: Zoom Out	Movimento: Zoom Out
Áudio	**Áudio**
Ambiente: Natureza	Ambiente: –
Efeitos sonoros: –	Efeitos sonoros: Impacto
Música: Música calma	Música: –
Transição	**Transição**
Corte	Corte

Cena 3
Descrição: Dois brinquedos entram no carro para pilotá-lo, Rambo PlayMobil e Ursinho Carinhoso. Enquanto entram no carro, uma música épica está tocando de fundo; quando já estão dentro do carro, eles mudam a rádio de estação para outras duas músicas.
Ambiente
Local: INT. QUARTO DO JOVEM
Iluminação: Dia (Amarelo/Branco)
Câmera
Plano: Plano médio < Close
Ângulo: Normal
Movimento: Travelling out
Áudio
Ambiente: –
Efeitos sonoros: Porta batendo
Música: –
Transição
Corte

Cena 4
Descrição: O menino pega o controle remoto da caixa e o segura com as duas mãos, liga o controle e então aperta o botão vermelho para o carrinho ligar e, em seguida, aperta o botão de acelerar para o carrinho andar.
Ambiente
Local: INT. QUARTO DO JOVEM
Iluminação: Dia
Câmera
Plano: Close
Ângulo: 3/4
Movimento: Zoom in
Áudio
Ambiente: –
Efeitos sonoros: Clique
Música: –
Transição
Corte

Cena 5
Descrição: Rambo Playmobil e Ursinho Carinhoso viram rapidamente um para o outro por um instante.
Ambiente
Local: INT. QUARTO DO JOVEM
Iluminação: Dia
Câmera
Plano: Primeiro plano
Ângulo: Frontal
Movimento: Shake
Áudio
Ambiente: Motor de carro/ Som de turbina
Efeitos sonoros: –
Música: Música de tensão

Cena 6
Descrição: O carrinho então dá uma arrancada com a máxima velocidade saindo do enquadramento e deixando sua antena cair. A bolinha da ponta da antena sai, quicando no chão até sair da cena.
Ambiente
Local: INT. QUARTO DO JOVEM
Iluminação: Dia
Câmera
Plano: Plano aberto
Ângulo: 3/4
Movimento: Zoom in
Áudio
Ambiente: –
Efeitos sonoros: Pneu cantando
Música: –
Transição
Corte

Cena 7
Descrição: Ursinho e Rambo gritam enquanto o carro está acelerando.
Ambiente
Local: EXT. capô do carro
Iluminação: Efeito de luzes passando
Câmera
Plano: Plano médio
Ângulo: Frontal
Movimento: –
Áudio
Ambiente: Motor de carro/ Som de turbina
Efeitos sonoros: Gritos tensos
Música: Música de tensão

Cena 8
Descrição: Velocímetro mostra velocidade crescente.
Ambiente
Local: INT. Velocímetro do carro
Iluminação: Brilho do painel do carro
Câmera
Plano: Plano fechado (close)
Ângulo: Frontal
Movimento: –
Áudio
Ambiente: Motor do carro / Som de turbina
Efeitos sonoros: Gritos tensos
Música: Música de tensão
Transição
Corte

Cena 9
Descrição: O carro some deixando um rastro de fogo.
Ambiente
Local: INT. do carro
Iluminação: Luz branca piscante (Flashes)
Câmera
Plano: Plano aberto
Ângulo: 3/4
Movimento: Travelling out
Áudio
Ambiente: –
Efeitos sonoros: Fogo queimando/ explosão
Música: Música épica
Transição
Corte

Cena 10
Descrição: Créditos
Áudio
Música: Música épica
Transição
Fade Out

Roteiro técnico do projeto de animação 3D Golzin do Futuro criado por alunos do curso Técnico de Computação Gráfica do Senac São Bernardo do Campo (2018/2019). Integrantes: Nascimento, Ponce e Souza.

Criar um roteiro técnico sólido é essencial para assegurar que a animação seja executada de forma eficaz e atinja os objetivos desejados. Assim, é possível alinhar a visão criativa, otimizar o uso de recursos e manter a produção no caminho certo.

5. CONCEPT ART E CHARACTER DESIGN

Acompanhe agora como criar personagens visualmente interessantes e memoráveis, e entenda o desenvolvimento do concept art e character design.

Descreva os personagens e cenários

A ficha de personagem é um documento no qual anotamos as características essenciais de cada um dos integrantes da história. Sua principal função é manter um registro de fácil acesso para consulta durante a escrita. É um lugar para revisitar e ajustar quando surge algum problema ou necessidade de mudança na narrativa, mas também pode ser útil para visualizar melhor o arco de cada personagem e escrever sobre ele.

Forneça descrições detalhadas dos personagens, como sua aparência, personalidade e motivações. O personagem é um ser imaginário, humano ou não, mas com sentimentos que conhecemos. Para compor personalidades consistentes, vivas e interessantes, é preciso refletir sobre seu caráter e formação. Podemos nos valer de nossas próprias vivências e lembranças, além de pesquisar sobre os dados atribuídos ao personagem.

Uma recomendação para dar corpo aos personagens é elaborar uma ficha que contenha alguns dados, tais como:

- Gênero
- Tipo físico
- Idade
- Nacionalidade
- Quando e onde vive ou viveu
- Classe social
- Raça
- Saúde

- Escolaridade e nível cultural
- Profissão
- Família
- Hobbies
- Hábitos
- Fatos do passado
- Relacionamentos afetivos
- Religião
- Situação financeira e patrimônio
- Aspectos psicológicos, etc.

DICA

Não há necessidade de incluir todos os tópicos listados aqui, mas, quanto melhor a descrição de seu personagem, maior o entendimento sobre sua personalidade, e isso aumenta as chances de o personagem gerar conteúdo à narrativa.

Figura 1.14 – Ficha de personagem

Ficha do Personagem

Características:
- Nome: Will
- Cor da Pele: Negro
- Sexo: Masculino
- Idade: 24
- Olhos: Castanhos
- Cabelo: Preto

Vestimenta:
- Camisa Xadrez Azul
- Camiseta de Super Herói
- Calça Jeans Preta
- All Star Preto

Acessórios:
- Relógio Preto
- Mochila Vermelha

Ficha de personagem extraída do projeto integrador *Viva um sonho, viva o épico! - CCPX* criado por alunos do curso Técnico de Computação Gráfica do Senac São Bernardo do Campo (2018/2019). Integrantes: Brum, de Melo e Pereira.

Além desses dados, descreva os cenários em que as cenas ocorrerão de forma clara e objetiva. Visite um lugar parecido com o que você pretende descrever, se possível.

Inspire-se em fotografias de cenários similares aos da história. Inclua referências à época em que a história se passa; os elementos visuais são fundamentais. Mas, principalmente, crie um senso de local visceral – qual é a sensação que deseja passar ao seu público?

A ambientação é tudo o que rodeia os personagens de uma história: lugar, época, clima — fatores que cumprem um papel importantíssimo na narrativa. Além do mais, ambientar adequadamente a história ajuda o leitor a mergulhar no mundo que você criou. Deve-se dar vida à ambientação não apenas pelas descrições detalhadas, mas também pelo modo como os personagens interagem no ambiente que os cerca.

Por exemplo, caso sua história ocorra em uma praia, você pode descrever a sensação da areia entre os dedos ao pisá-la, o som das gaivotas ao fundo, o gosto do sal na boca ou que vem pelo ar, o som das ondas, o odor do mar, a sensação de calor ou a brisa tocando o rosto...

Descreva os detalhes de forma a dar ênfase ao seu texto. Ao descrever uma casa abandonada, por exemplo, comente sobre o papel de parede descascado, os degraus quebrados e ruidosos da escada, as tábuas pregadas às molduras das janelas e portas. Descrever os sons, barulho e ruídos enriquece a imaginação de seu leitor/espectador. Dê ênfase às sensações!

Registre imagens fotografando locais que deseja descrever em sua história, caso sejam acessíveis; se não, utilize recursos como o Google Street View para semear sua ideia. Caso sua história ocorra em lugares fantásticos ou de fantasia de cenários imaginários, busque inspirações em sites como Artstation ou Pinterest, e procure combinar detalhes reais com algo imaginário, criando, assim, maior personalidade à sua narrativa – e tudo registrado em seu painel semântico.

Figura 1.15 – Ficha de referências de cenário

Ficha de referências de cenário extraída do projeto integrador *Dino Mundi* criado por alunos do curso Técnico de Computação Gráfica do Senac São Bernardo do Campo (2018/2019). Integrantes: Kitadani e de Lima.

6. ELEMENTOS CINEMATOGRÁFICOS

Enquadramentos, planos, ângulos e movimentos de câmera são elementos cinematográficos essenciais que impactam a maneira como uma cena é visualmente apresentada em uma produção audiovisual. Referem-se à distância entre a câmera e o objeto ou sujeito da filmagem, e determinam o quão perto ou longe a câmera está do que está sendo filmado.

Enquadramentos

O enquadramento está ligado à decisão do que faz parte do filme em cada momento de sua realização. Ele determina o modo como o espectador percebe o mundo que está sendo criado pelo filme.

O enquadramento depende de três elementos: *plano* (distância entre a câmera e o objeto que está sendo filmado, levando em consideração o tipo de lente); *altura do ângulo* (posição da câmera em relação ao objeto filmado, podendo ser alta, normal ou baixa); e *lado do ângulo* (posição da câmera em relação ao objeto filmado, podendo ser frontal, lateral ou traseiro).

Planos

Os planos são divididos em três tipos básicos: plano *aberto*, plano *médio* e plano *fechado*. O plano aberto é utilizado para mostrar o ambiente em que a cena se passa, enquanto o plano médio mostra uma pessoa ou objeto em destaque. Já o plano fechado é utilizado para mostrar detalhes ou expressões faciais.

A seguir, veremos algumas nomenclaturas mais específicas.

No *plano geral (PG)*, o cenário e os personagens são mostrados em sua totalidade, dando uma visão ampla da cena. Esse plano é frequentemente usado para estabelecer a localização e o contexto da história.

Figura 1.16 – Plano geral

No *plano médio (PM)*, o foco está nos personagens, mostrando-os por completo, mas com alguma sobra acima e abaixo do personagem. É adequado para diálogos e interações entre personagens.

Figura 1.17 – Plano médio

Fonte: criado com IA (Adobe Firefly).

No *plano americano (PA)*, o personagem é enquadrado do joelho para cima. Também é adequado para interações entre personagens.

Figura 1.18 – Plano americano

O *meio primeiro plano (MMP)* destaca o enquadramento da cintura para cima. É adequado para dar ênfase à conversa entre os personagens.

Figura 1.19 – Meio primeiro plano

O *primeiro plano (PP)* destaca o rosto na altura dos ombros ou um objeto específico em detalhes, muitas vezes transmitindo emoções ou informações importantes à cena.

Figura 1.20 – Primeiro plano

Fonte: criado com IA (Adobe Firefly).

O *plano detalhe (PD)* foca um elemento específico, como as mãos de um personagem segurando um objeto importante. Também pode ter como objetivo mostrar apenas algum objeto.

Figura 1.21 – Plano detalhe

Ângulos

Os ângulos determinam a perspectiva da câmera e o que é visível no quadro.

No *ângulo normal*, a câmera está no nível dos olhos dos personagens, proporcionando uma visão natural da cena.

Figura 1.22 – Ângulo normal

No *ângulo plongée*, também chamado de câmera alta, a câmera olha de cima para baixo em direção aos personagens ou objetos. Isso pode fazer com que eles pareçam menores ou mais vulneráveis.

Figura 1.23 – Ângulo plongée

Fonte: criado com IA (Adobe Firefly).

No *ângulo contra-plongée*, ou câmera baixa, a câmera olha de baixo para cima em direção aos personagens ou objetos. Isso pode fazer com que eles pareçam maiores, mais poderosos ou ameaçadores.

Figura 1.24 – Ângulo contra-plongée

Fonte: criado com IA (Adobe Firefly).

Movimentos de câmera

Os movimentos de câmera envolvem a maneira como a câmera se desloca durante a filmagem para provocar diferentes efeitos visuais e narrativos.

São usados para criar dinamismo e movimento na cena. Alguns exemplos são: panorâmica (mover a câmera horizontalmente); *tilt* (mover a câmera verticalmente); e *zoom* (aproximar ou afastar a imagem).

Na *panorâmica horizontal*, a câmera se move em seu eixo horizontalmente, geralmente de um lado para o outro. É como se uma pessoa estivesse parada no mesmo lugar e girasse a cabeça ou movesse apenas os olhos percorrendo a paisagem. Isso pode ser usado para explorar um cenário ou acompanhar a ação.

Figura 1.25 – Movimento em panorâmica horizontal

Panorâmica horizontal
(rotaciona em eixo)

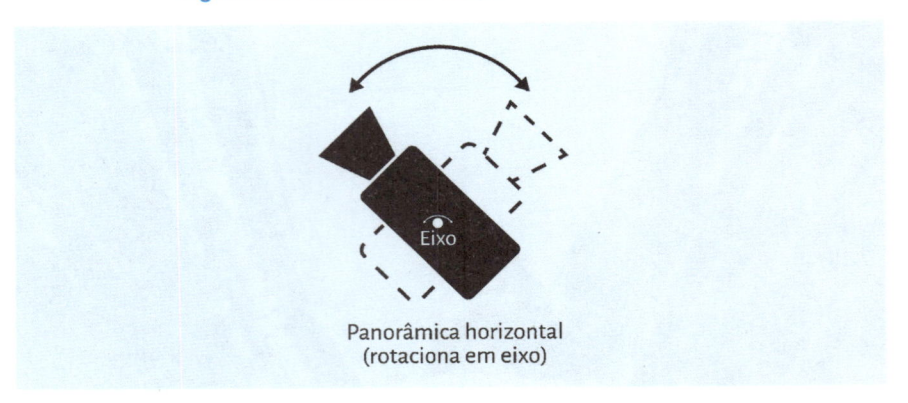

Na *panorâmica vertical*, a câmera se move verticalmente, olhando para cima ou para baixo. É útil para mostrar a altura de objetos ou personagens.

Figura 1.26 – Movimento em panorâmica vertical

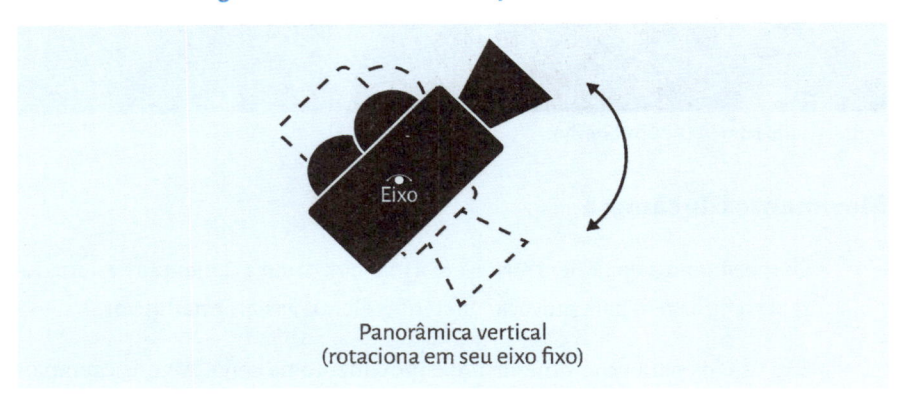

Panorâmica vertical
(rotaciona em seu eixo fixo)

No *movimento de travelling horizontal*, a câmera é movida no sentido horizontal sobre um suporte com rodas ou trilhos (*dolly*), sempre acompanhando a ação. Pode ser usado para criar a sensação de estar no meio da cena.

Figura 1.27 – Movimento em *travelling* horizontal

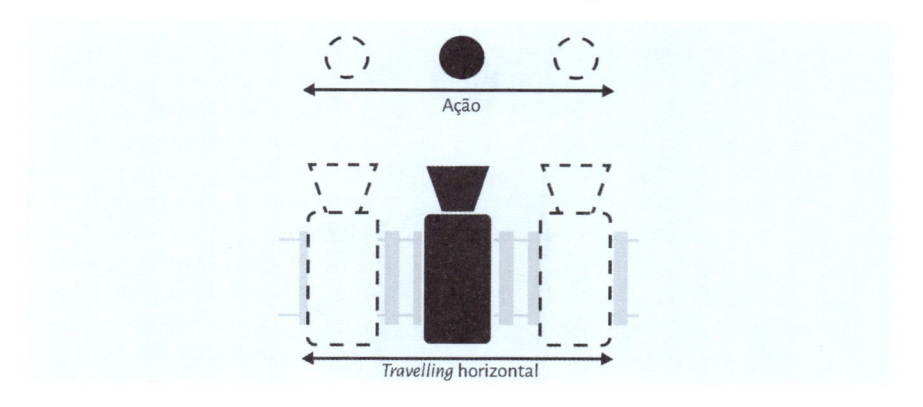

No *travelling vertical*, a câmera é movida verticalmente e fixa em uma grua acompanhando a ação.

Figura 1.28 – Movimento em *travelling* vertical

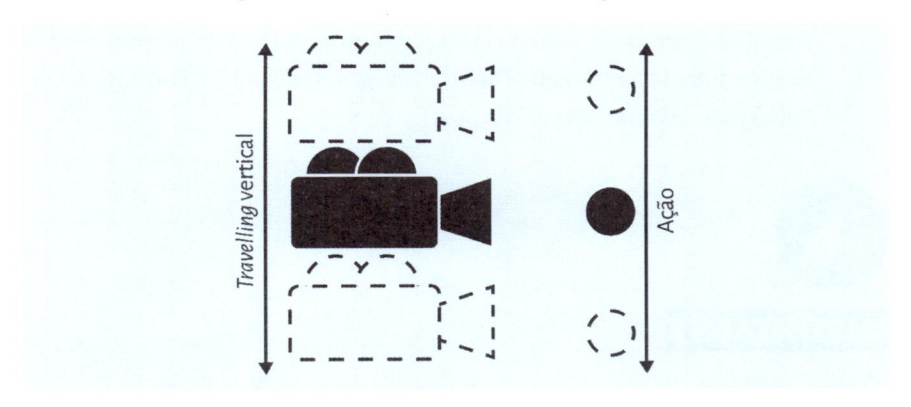

O *travelling-in* é o movimento que aproxima a câmera horizontalmente no espaço, acompanhando a ação ou o personagem.

O *travelling-out* é o movimento que afasta a câmera horizontalmente no espaço, distanciando-se da ação ou do personagem.

Figura 1.29 – Movimento em *travelling-in* e *travelling-out*

A função **zoom** ajusta a distância focal por meio da lente da câmera, a fim de se aproximar (*zoom-in*) ou se afastar (*zoom-out*) do objeto. Isso enfatiza detalhes ou cria uma sensação de proximidade.

IMPORTANTE

Há uma similaridade entre o movimento de câmera *travelling-in* e o recurso do equipamento *zoom-in*.

Em *travelling-in*, com o movimento, a câmera vai até o ponto focal.

Em *zoom-in*, ao ajustar a distância focal, o recurso traz o ponto focal condensando à imagem.

Figura 1.30 – Similaridade entre *travelling-in* e *zoom-in*

Imagem original    *Travelling-in*    *Zoom-in*

O fato é que, quando usamos o *zoom*, em vez de movimentar a câmera, a lente provoca uma ilusão, condensando os raios de luz em uma nova imagem.

7. STORYBOARD

O storyboard é uma ferramenta visual crucial na produção de animações. Após a elaboração do roteiro, é preciso planejar os elementos visuais, as personas, estruturar as cenas e alinhar com a equipe de produção a visão geral do projeto.

Esse processo consiste em uma série de ilustrações ou desenhos que representam quadro a quadro a animação. Deve conter as sinalizações dos enquadramentos ou planos, os movimentos e ângulos de câmera, a transição de uma cena à outra, a descrição da trilha musical, os efeitos sonoros de objetos ou a fala de um personagem e sua entonação, enfim, deve demonstrar o começo e o fim das cenas, com descrições para anteceder e guiar a produção da animação.

IMPORTANTE

O storyboard não é um recurso de criação, pois essa etapa já se deu no momento de criação e desenvolvimento da narrativa e construção de cenas e personagens. Agora é a vez da organização visual, de como a narrativa deve ser contada com base no roteiro técnico. É como um guia visual para a equipe de produção.

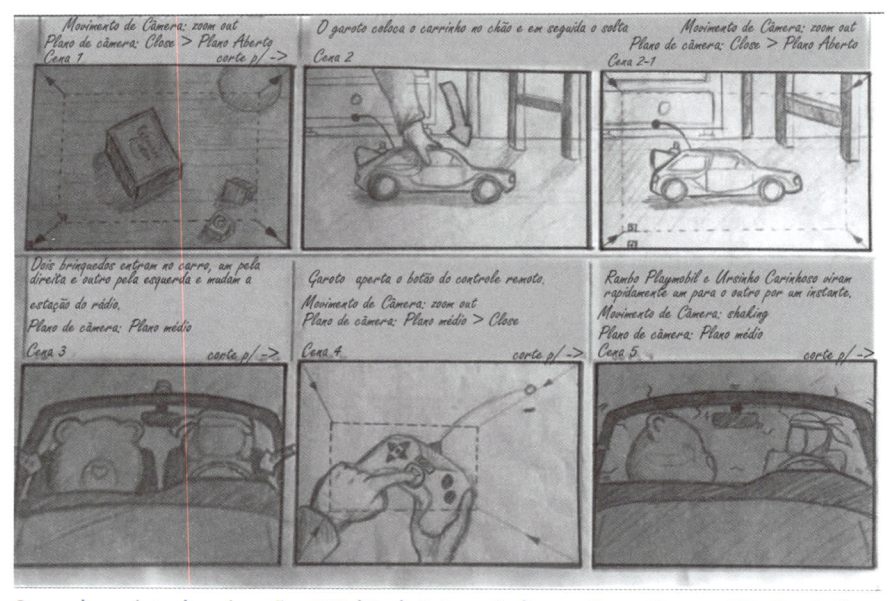

Figura 1.31 – Storyboard 1/2

Cenas do projeto de animação 3D *Golzin do Futuro* criado por alunos do curso Técnico de Computação Gráfica do Senac São Bernardo do Campo (2018/2019). Integrantes: Nascimento, Ponce e Souza.

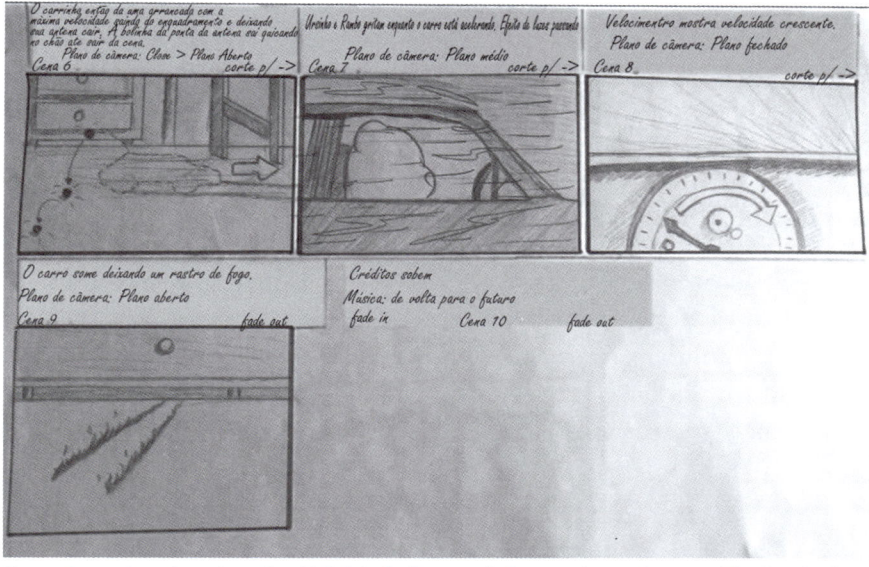

Figura 1.32 – Storyboard 2/2

Cenas do projeto de animação 3D *Golzin do Futuro* criado por alunos do curso Técnico de Computação Gráfica do Senac São Bernardo do Campo (2018/2019). Integrantes: Nascimento, Ponce e Souza.

Planejamento

Antes de começar o storyboard, tenha o roteiro técnico completo, que descreva a narrativa, os personagens, os cenários e os movimentos de câmera. Certifique-se de que todos os elementos gráficos e visuais da animação estejam definidos. Mentalize e familiarize-se com as cenas que está prestes a representar, entenda o local, os personagens envolvidos, a ação que ocorre e o diálogo, se houver.

Divisão em cenas

Divida o roteiro técnico em cenas individuais. Cada cena deve ser uma unidade narrativa ou um segmento da história que faça sentido por si só.

Comece pelo primeiro quadro. Cada cena contém uma imagem que representa o início da ação. Desenhe o cenário, posicione os personagens e sempre considere a composição visual, os ângulos, movimentos e enquadramentos da câmera, já descritos no roteiro técnico. Descreva-o em imagens, desde o início da cena no primeiro quadro, até o final no segundo quadro.

E atenção: enumere e nomeie cada cena, como cabeçalho de cada sequência de quadros, inicial e final. Por exemplo: "Cena 1 / João entra no carro"; "Cena 4 / João sai do carro".

Sequência de quadros

Continue desenhando os quadros subsequentes para a cena. Cada quadro deve representar um momento específico da ação. Mostre como os personagens se movem, mudam de expressão facial e interagem com o ambiente. Use setas ou linhas para indicar a direção dos personagens e quaisquer transições de movimento de câmera.

Anotações e diálogos

Inclua anotações na parte inferior ou ao lado de cada quadro, descrevendo a ação, os diálogos dos personagens e todas as notas técnicas relevantes. As anotações ajudam a equipe de produção a entender o que está acontecendo em cada cena.

IMPORTANTE

Lembre-se de indicar os enquadramentos, ângulos, planos e movimentos de câmera determinados no roteiro técnico. Use setas ou linhas para mostrar o movimento da câmera, como panorâmica, plongée ou *zoom*.

Continuidade e transições

Garanta que a continuidade da cena seja mantida. Os objetos e personagens devem estar nas mesmas posições, a menos que haja uma razão narrativa para mudanças. Indique as transições entre as cenas, como cortes ou fades.

Revisão e feedback

Após concluir o storyboard, revise-o e apresente aos integrantes do grupo, e solicite feedback à equipe. Assegure-se de que a narrativa seja clara, a ação seja coerente e a visão criativa seja representada.

8. ANIMATIC

O animatic é uma sequência de imagens provenientes do storyboard que são organizadas em ordem cronológica e sincronizadas com áudio, como diálogos, música e efeitos sonoros.

O objetivo de um animatic é criar uma versão prévia de uma animação para testar o ritmo, o *timing*, a composição e o fluxo das cenas. É uma etapa essencial no processo de animação, pois permite que a equipe criativa de produção visualize a narrativa e faça ajustes antes de investir tempo e recursos na produção completa.

Veja o passo a passo para *transformar um storyboard em um animatic*:

- Tenha seu storyboard pronto, com todas as ilustrações e anotações. Caso tenha criado seu storyboard em papel, digitalize ou fotografe cada quadro em alta qualidade para que possa ser importado para o software de edição. Prepare qualquer áudio que será usado, como trilhas sonoras, diálogos ou efeitos sonoros.

- Utilize um software de edição de vídeo ou animação. Existem ferramentas especializadas para a criação de animatics, mas editores de vídeo convencionais ou mesmo um software de animação também funcionam bem.

- Organize as imagens digitalizadas do storyboard na sequência correta de acordo com o roteiro. Sincronize os áudios com as imagens/quadros, incluindo diálogos, músicas e efeitos sonoros. Certifique-se de que a sincronização esteja adequada, garantindo que corresponda à ação da tela.

Adicione movimentos simples aos quadros estáticos para simular transições e ações. Isso pode incluir *zooms* (alterar o tamanho da imagem), movimentos panorâmicos (mover a imagem horizontalmente), cortes (simular a mudança de câmeras), fades (escurecer/clarear a tela) ou transições suaves entre os quadros para simular mudanças de cena.

Adicione animações simples aos elementos dentro dos quadros. Por exemplo, você pode animar a movimentação dos lábios dos personagens durante os diálogos ou criar pequenos movimentos em objetos da cena.

Ajuste o tempo entre os quadros para garantir que o animatic flua suavemente. Isso pode ser feito estendendo ou encurtando a duração de quadros individuais.

Avalie a composição visual e os enquadramentos das cenas para garantir que a narrativa seja clara e envolvente. Observe a narrativa de seu animatic como um todo, e avalie se o ritmo de progressão da história faz sentido e se as cenas se desenrolam de forma coesa.

Assista ao animatic na íntegra e revise-o. Compartilhe e apresente o animatic para outras pessoas da equipe ou colegas para obter feedback e eventuais sugestões de melhoria. Essa é uma maneira de identificar problemas ou áreas que precisam de aprimoramento.

Por fim, com base no feedback e em sua própria avaliação, faça as revisões necessárias no animatic para aprimorar a narrativa e o fluxo da história.

Figura 1.33 – Animatic

Cenas do projeto de animação 3D *Golzin do Futuro* criado por alunos do curso Técnico de Computação Gráfica do Senac São Bernardo do Campo (2018/2019). Integrantes: Nascimento, Ponce e Souza.

O animatic é uma ferramenta útil para orientar a produção subsequente. Com base nos resultados, a equipe pode tomar decisões informadas sobre animações, composição, edição e outros aspectos da produção final.

9. OS 12 PRINCÍPIOS DA ANIMAÇÃO

Os 12 princípios da animação foram introduzidos pelos animadores da Walt Disney Studios, Frank Thomas e Ollie Johnston, no livro *The illusion of life: Disney animation*, publicado originalmente em 1981. São considerados fundamentais para criar animações convincentes e expressivas.

Figura 1.34 – Imagem inspirada nos 12 princípios da animação

Fonte: criado com IA (Copilot Design).

Conheça cada um desses princípios:

1. *Squash and stretch (espremer e esticar):*

    ☐ *Definição:* consiste em deformar o objeto ou personagem para transmitir peso, volume e flexibilidade durante uma animação.

    ☐ *Aplicação:* este princípio é usado para simular a maneira como um objeto ou personagem se deforma quando sujeito a forças externas, adicionando realismo e impacto visual.

2. *Anticipation (antecipação):*

- ☐ *Definição:* envolve preparar a audiência para uma ação futura, geralmente usando movimentos pequenos que antecipam o movimento principal.

- ☐ *Aplicação:* a antecipação ajuda a tornar as ações mais críveis, fornecendo contexto e indicando ao espectador o que esperar.

3. **Staging (encenação):**

   - ☐ *Definição:* refere-se à apresentação clara de uma ideia ou ação, garantindo que seja facilmente compreendida pela audiência.

   - ☐ *Aplicação:* uma boa encenação direciona a atenção do espectador para o que é importante em uma cena, evitando confusão e mantendo a narrativa clara.

4. **Straight ahead action and pose to pose (ação contínua e ponto a ponto):**

   - ☐ *Definição:* a ação contínua envolve criar quadro a quadro de forma contínua, enquanto o ponto a ponto envolve definir poses-chave antes de preencher os quadros intermediários.

   - ☐ *Aplicação:* a escolha entre uma e outra abordagem depende da complexidade da cena e do estilo desejado.

5. **Follow through and overlapping action (continuidade e ação sobreposta):**

   - ☐ *Definição: follow through* refere-se ao movimento que continua após a ação principal, enquanto a ação sobreposta envolve partes do corpo movendo-se em tempos diferentes.

   - ☐ *Aplicação:* esses princípios adicionam naturalidade às animações, evitando que os movimentos pareçam abruptos e mecânicos.

6. **Slow in and slow out (entrada lenta e saída lenta):**

   - ☐ *Definição:* envolve a variação da velocidade de um movimento, começando lentamente, acelerando no meio e desacelerando no final.

   - ☐ *Aplicação:* esse princípio imita a física do movimento real, tornando as animações mais suaves e orgânicas.

7. *Arcs (arcos):*

    ☐ *Definição:* movimentos naturais tendem a seguir trajetórias curvas ou em arcos em vez de linhas retas.

    ☐ *Aplicação:* ao criar movimentos, especialmente para personagens, seguir arcos ajuda a manter a fluidez e a naturalidade.

8. *Secondary action (ação secundária):*

    ☐ *Definição:* adiciona uma ação secundária para enriquecer a cena e fornecer mais informações sobre o personagem ou ambiente.

    ☐ *Aplicação:* uma ação secundária complementa a ação principal, tornando a animação mais rica e interessante.

9. *Timing (tempo):*

    ☐ *Definição:* refere-se à distribuição do tempo entre os quadros para criar ritmo e ênfase na animação.

    ☐ *Aplicação:* a manipulação do *timing* influencia a velocidade percebida dos movimentos, afetando o humor e a narrativa.

10. *Exaggeration (exagero):*

    ☐ *Definição:* envolve aumentar ou diminuir características para enfatizar ou simplificar a ação.

    ☐ *Aplicação:* o exagero pode tornar as animações mais expressivas e memoráveis, mas deve ser usado com moderação para evitar distorções excessivas.

11. *Solid drawing (desenho sólido):*

    ☐ *Definição:* é a habilidade de representar objetos tridimensionais em uma superfície bidimensional, dando a ilusão de volume e profundidade.

    ☐ *Aplicação:* o desenho sólido é crucial na animação 3D para criar personagens e objetos visualmente convincentes.

12. *Appeal (atratividade):*

- ☐ *Definição:* refere-se à capacidade de um personagem ser atraente, cativante e interessante para o público.

- ☐ *Aplicação:* personagens carismáticos têm um apelo duradouro, contribuindo para o sucesso da animação.

Esses princípios formam a base da animação, e sua aplicação consciente ajuda a criar animações mais envolventes, realistas e expressivas. Animadores experientes entendem como balancear esses princípios para atender às necessidades específicas de cada cena e projeto.

DICAS

Para encerrar, vamos reforçar algumas dicas importantes para o processo de criação de animações:

- *Comece com um roteiro sólido:* antes de qualquer animação, tenha um roteiro bem elaborado que descreva a história, os personagens, os diálogos e a estrutura narrativa. Um bom roteiro é a base de uma animação de sucesso.

- *Crie um storyboard detalhado:* antes de entrar na animação 3D, desenvolva um storyboard que ilustre visualmente cada cena. Isso ajuda a planejar a composição, a coreografia dos personagens e os movimentos de câmera.

- *Defina a estética visual:* decida o estilo visual e busque imagens, pessoas, cenários, paisagens, incluindo a paleta de cores, o design dos personagens e os efeitos visuais; ou seja, tenha suas referências imagéticas a fim de se apropriar de uma visão clara da estética de seu projeto e manter a consistência ao longo do percurso de criação e desenvolvimento.

- *Atente-se aos princípios da animação:* estude e aplique os princípios de animação, como *squash and stretch, timing,* antecipação e seguimento. Eles são essenciais para criar animações convincentes.

- *Use referências:* se possível, use referências do mundo real para animar personagens e movimentos. Filmar a si mesmo ou outras pessoas realizando ações semelhantes pode fornecer informações valiosas.

- *Trabalhe com uma equipe colaborativa:* a animação 3D frequentemente envolve uma equipe de artistas e técnicos. Colabore com modeladores, iluminadores, texturizadores e outros profissionais para garantir um resultado final coeso.

- *Faça testes e revisões:* faça testes frequentes e revise seu trabalho à medida que avança. Assim, você pode identificar problemas antecipadamente e evitar retrabalho no futuro.

- *Aprenda e atualize-se:* a animação 3D é uma área em constante evolução. Disponha-se a aprender novas técnicas e ferramentas, e acompanhe as tendências da indústria.

- *Receba feedback:* compartilhe seu trabalho com colegas, mentores ou outros profissionais para obter feedbacks construtivos. Abra-se para pontos de vista e opiniões ecléticas. Às vezes, uma perspectiva externa pode identificar áreas de melhoria.

- *Mantenha um diário de produção:* registre seu progresso, decisões importantes e desafios encontrados em um diário de produção. É uma forma de manter um registro e aprender com cada projeto.

ARREMATANDO AS IDEIAS

Como vimos neste capítulo, a animação não se limitou ao entretenimento; ela moldou a cultura global. Suas mensagens atemporais sobre amizade, coragem e amor ressoam até hoje. A influência da animação clássica pode ser observada em várias mídias contemporâneas, desde filmes de animação a videogames, alcançando triunfos e também desafios, como mudanças na preferência do público e o surgimento de novas formas de entretenimento. Entretanto, sua capacidade de se adaptar e evoluir é testemunha de sua relevância.

A animação representa um capítulo dourado na história cinematográfica, em que criatividade, técnica e narrativa foram convergidas. Seu impacto cultural atravessa gerações, encanta e inspira audiências em todo o mundo. Ao revisitar obras-primas, somos lembrados não apenas da magia da animação, mas da habilidade única de contar histórias.

Para o roteiro técnico de uma animação, é necessária a criação de elementos narrativos eficazes, um processo complexo que envolve múltiplos aspectos da produção. Cada detalhe, desde o design de personagens até o ritmo da narrativa, contribui para a construção de uma história envolvente.

Entender e usar efetivamente enquadramentos, planos, ângulos e movimentos de câmera também é essencial para criar uma linguagem visual rica e contar uma história de forma impactante. Esses elementos ajudam a transmitir emoções, informações e significado aos espectadores.

Conhecemos o storyboard, que fornece uma representação visual da narrativa com o intuito de facilitar a produção e a comunicação com a equipe. Por ser uma ferramenta flexível, ajustes podem ser feitos à medida que a produção avança. Não é necessário ser um artista altamente qualificado para criar um storyboard eficaz; a clareza na comunicação visual é mais importante do que a habilidade artística.

Já o animatic ajuda a economizar tempo e recursos, pois permite que os problemas sejam identificados e resolvidos antes que a produção real comece. Ele funciona como um guia valioso para a equipe de animação, garantindo que a narrativa e a estética sejam aprimoradas antes da produção completa.

Lembre-se de que a animação 3D é um processo demorado, exaustivo e detalhado – por isso a importância de um planejamento cuidadoso. Seja um espectador atento, experimente diferentes estilos. Criatividade, dinamismo e comprometimento fazem parte da jornada de animação em 3D.

CAPÍTULO 2

Desenvolvimento de modelagem tridimensional

Na era digital, somos bombardeados por vídeos e imagens que parecem reais, conceitos como realidade virtual e aumentada, inteligências artificiais que se desenvolvem a todo vapor... Um universo que não para de expandir.

Em meio a tudo isso, quando falamos em tecnologias e modelagem tridimensionais, podemos pensar num mundo vasto de oportunidades de trabalho. Se você quer trocar de carreira ou está iniciando nesta área, deve estar se fazendo algumas perguntas: "por onde começar?"; "o que preciso saber?"; "onde posso trabalhar?".

Iniciar o trabalho em modelagem 3D e caminhar até o processo final de entrega de um personagem ou objeto 3D é uma tarefa complexa e desafiadora. Porém, com estudo, determinação e algumas habilidades desenvolvidas, você estará preparado.

Neste capítulo, vamos conhecer os possíveis campos de atuação em modelagem 3D e entender, na prática, como modelar objetos em um software 3D e aplicar materiais e texturas a partir de diferentes técnicas.

Mãos à obra!

1. ONDE TRABALHAR?

Existe um grande mercado para quem quer atuar com modelagem 3D. Antes de estudar propriamente os conceitos, as técnicas e ferramentas usadas, que tal conhecer algumas áreas de atuação profissional?

- *Mídia e entretenimento*
    - *Jogos:* a indústria de games está em constante crescimento e busca profissionais qualificados para criar personagens, cenários e objetos 3D para jogos mobile, PC e consoles.

- *Filmes e séries:* a indústria cinematográfica e televisiva utiliza cada vez mais a modelagem 3D para efeitos especiais, animações e personagens.

- *Realidade virtual e aumentada:* com o avanço da tecnologia, a demanda por modelos 3D para experiências imersivas em realidade virtual e aumentada está crescendo exponencialmente.

■ *Publicidade*

- *Anúncios:* a modelagem 3D é utilizada para criar anúncios mais realistas e interativos, impactando o público e aumentando o engajamento.

- *Marketing digital:* modelos 3D podem ser usados em websites, mídias sociais e campanhas de marketing para atrair a atenção do público e destacar a marca.

■ *Arquitetura e design*

- *Visualização de projetos:* modelos 3D permitem que arquitetos e designers visualizem seus projetos com mais detalhes antes da construção, facilitando a identificação de problemas e a realização de alterações.

- *Prototipagem rápida:* modelos 3D podem ser impressos para criar protótipos físicos de produtos, ajudando a avaliar a funcionalidade e o design antes da produção em massa.

- *Realidade virtual para arquitetura:* a modelagem 3D permite criar ambientes virtuais interativos para que os clientes "visitem" seus futuros imóveis antes da construção.

■ *Indústria*

- *Projeto de produtos:* a modelagem 3D é utilizada para criar modelos virtuais de produtos, facilitando o processo de design, engenharia e manufatura.

- *Simulação:* modelos 3D podem ser usados para simular o comportamento de produtos e sistemas em diferentes condições, otimizando o desempenho e a segurança.

- *Manutenção:* modelos 3D podem ser usados para criar manuais e instruções de manutenção mais detalhadas e fáceis de entender.

■ Saúde

- *Planejamento cirúrgico:* modelos 3D de órgãos e tecidos podem ser usados para auxiliar no planejamento de cirurgias complexas, aumentando a precisão e a segurança dos procedimentos.

- *Impressão 3D de próteses:* modelos 3D podem ser usados para criar próteses personalizadas para pacientes, proporcionando melhor ajuste e conforto.

- *Educação médica:* modelos 3D podem ser usados para auxiliar no ensino de anatomia e fisiologia a estudantes de medicina.

■ *Outras áreas promissoras*

- *Educação*: modelos 3D podem ser usados para criar materiais didáticos mais interativos e envolventes para alunos de todas as idades.

- *Pesquisa científica:* a modelagem 3D é utilizada em diversas áreas da pesquisa científica, como biologia, química e física.

- *Impressão 3D:* a modelagem 3D é fundamental para a criação de objetos físicos a partir de modelos digitais.

Para ter sucesso na área de modelagem 3D, algumas **habilidades** são essenciais:

■ *Domínio de softwares de modelagem 3D*: Blender, Maya, ZBrush e 3ds Max são alguns dos softwares mais utilizados na área, além do Photoshop, Premiere Pro, After Effects e Substance 3D Painter da Adobe.

■ *Conhecimento de anatomia e perspectiva:* para criar modelos realistas, é importante ter um bom conhecimento de anatomia humana e animal, bem como de perspectiva e proporção.

- *Criatividade e bom senso estético:* a modelagem 3D exige criatividade para desenvolver modelos originais e atraentes.

- *Habilidades de texturização e iluminação:* para dar vida aos modelos, é importante saber como texturizá-los e iluminá-los de forma adequada.

- *Paciência e atenção aos detalhes:* a modelagem 3D é um processo que exige paciência e atenção aos detalhes para garantir a qualidade dos modelos.

DICAS

Para se destacar no mercado,

- **crie um portfólio on-line:** um portfólio on-line é uma ótima maneira de mostrar suas habilidades e trabalhos para potenciais empregadores;

- **participe de concursos e eventos da área:** participar de concursos e eventos da área é uma forma de se conectar com outros profissionais, aprender novas técnicas e divulgar seu trabalho;

- **atualize-se sobre as últimas tendências:** a área de modelagem 3D está em constante evolução, por isso é importante manter-se atualizado sobre as últimas tendências e tecnologias.

SUGESTÃO

Você sabia que os primeiros fundamentos da ciência da computação surgiram antes do século XX? Para conhecer a história da computação gráfica até os dias atuais, indicamos a leitura a seguir:

"Linha do tempo" – Harlen Batagelo e Bruno Marques (*s. d.*). Disponível em: https://www.brunodorta.com.br/cg/linha-do-tempo. Acesso em: 22 abr. 2024.

2. MODELAGEM 3D

Neste tópico, vamos aprender como modelar uma *malha poligonal* a partir de referências visuais. Começaremos pela importação de imagens, passando pelas principais técnicas e ferramentas de modelagem 3D, e entenderemos o que é anatomia poligonal e topologia de malha.

Importação de imagens

Para a criação de projetos 3D, é de extrema importância trabalharmos com referências gráficas de objetos, paisagens, cenários e personagens. Muitas vezes, isso é feito por meio de estudos gráficos realizados por artistas, nos quais eles desenvolvem desenhos, modelos e fotografias.

As *fotografias* são uma fonte de referência rápida e fácil de obter. Podem ser usadas para capturar a forma, o tamanho, a textura e a iluminação de um objeto real.

Os *desenhos* podem ser usados para capturar a forma e o tamanho de um objeto de modo mais preciso que as fotografias. Eles também podem ser usados para mostrar detalhes difíceis de serem vistos na fotografia.

Já os *modelos físicos* podem ser usados para capturar a forma e o tamanho de um objeto de forma realista. Também podem ser usados para testar a iluminação e a sombra de um objeto, criando sombras e definindo silhuetas.

Essas informações simplificam a modelagem 3D, permitindo que o artista modelador 3D tenha todos os esboços necessários para criar um modelo 3D otimizado e o mais próximo possível da realidade.

Para importar imagens para os softwares (de preferência, em formato bitmap), devemos entender como criar esse tipo de fluxo de visualização dentro de cada um. Acompanhe o passo a passo a seguir nos *programas* 3ds Max e Autodesk Maya.

3ds Max

- No 3ds Max, abra o arquivo do projeto ou crie um novo projeto, dependendo das suas necessidades.

- Certifique-se de que a interface esteja na guia *Perspective* ou na vista que você deseja usar como referência para a modelagem.

- Vá para a barra de menus e clique em *Views* (*Vistas*).

- No menu suspenso *Views*, clique em *Viewport Background* (*Plano de Fundo da Janela de Visualização*).

- A janela *Viewport Background* será aberta. Aqui você pode adicionar imagens de referência para a vista selecionada. Clique no botão *Files* (*Arquivos*) para selecionar o arquivo de imagem que deseja usar como referência.

- Selecione o arquivo de imagem de referência em seu computador e clique em *Open* (*Abrir*).

- Agora você pode configurar a imagem de referência conforme sua preferência. É possível ajustar a opacidade, a posição e o tamanho da imagem na vista, para que ela sirva como guia para a sua modelagem.

- Certifique-se de que a opção *Match Bitmap* (*Corresponder à Imagem*) esteja marcada, para que a imagem de referência seja dimensionada corretamente com base nas configurações da cena.

- Clique em *OK* para confirmar as configurações e fechar a janela *Viewport Background*.

- Por fim, a imagem de referência deve estar visível na janela de visualização selecionada, ajudando você na modelagem 3D.

DICA

Lembre-se de que você pode repetir esse processo para adicionar imagens de referência a outras vistas ou câmeras, se necessário.

Autodesk Maya

- No Autodesk Maya, crie um novo projeto ou abra o projeto existente em que deseja realizar a modelagem.

- Certifique-se de que a câmera esteja configurada de acordo com a vista que deseja usar como referência.

- No menu superior, clique em *View* (*Visualizar*) e, em seguida, selecione *Image Plane* (*Plano de Imagem*).

- Aparecerá uma janela de configuração do plano de imagem. Clique no ícone da pasta ao lado da opção *Image Name* (*Nome da Imagem*) para selecionar o arquivo de imagem que usará como referência.

- Selecione o arquivo de imagem de referência em seu computador e clique em *Open* (*Abrir*).

- O nome do arquivo de imagem será exibido na caixa *Image Name*.

- Você pode ajustar a opacidade da imagem de referência, sua posição e escala diretamente na janela de configuração do plano de imagem. Use as guias *Image Plane Attributes* (*Atributos do Plano de Imagem*) para fazer essas alterações.

- Certifique-se de que a opção *Display* (*Exibir*) está definida para *Image Plane*, para que a imagem de referência seja visível na visualização.

- Clique no botão *Import Image* (*Importar Imagem*) para confirmar as configurações e fechar a janela.

- Agora a imagem de referência deve estar visível na vista da câmera que você configurou. Ela pode ser usada como guia para a sua modelagem 3D.

DICA

Você pode repetir esse processo se precisar adicionar imagens de referência a outras câmeras ou vistas. Certifique-se de ajustar as configurações de posição e escala conforme necessário para corresponder à sua modelagem.

Técnicas de modelagem

Imagine um escultor habilidoso moldando argila com maestria, criando formas fluidas e cheias de vida. Esta é a essência da **modelagem orgânica**: a criatividade e a expressividade se unem para dar forma a personagens, animais e outros elementos com curvas complexas e movimentos dinâmicos.

Agora imagine um engenheiro meticuloso projetando uma peça mecânica com precisão milimétrica. Esta é a *modelagem inorgânica*, focada na criação de objetos estáticos e funcionais, como ferramentas, máquinas e estruturas, em que cada detalhe é crucial para garantir o desempenho e a segurança.

Embora utilizemos os mesmos softwares para ambas as técnicas, existe a diferença no acabamento e no propósito do objeto a ser modelado. Peças mecânicas exigem maior rigor dimensional e malhas mais limpas, sem comprometer a presença de detalhes essenciais para sua funcionalidade.

Para ilustrar essa diferença, podemos pensar em blocos de madeira. Ao empilhá-los, criamos casas e cidades com simplicidade e precisão, representando a modelagem inorgânica. Já a modelagem orgânica seria como brincar com argila, moldando esculturas com infinitas possibilidades de formas e texturas.

Ao compreender a essência da modelagem orgânica e da inorgânica, abrimos um universo de possibilidades criativas e técnicas, explorando os limites da tecnologia e da imaginação.

A *modelagem orgânica 3D* é usada em várias aplicações visuais, como jogos, filmes, animações e artes (pinturas e esculturas 3D).

Aqui, vamos conhecer as principais técnicas de modelagem orgânica 3D.

Modelagem poligonal

Esta técnica é baseada na criação de uma malha de polígonos que definem a forma do objeto. Os polígonos podem ser modificados para criar curvas, saliências e outros detalhes.

O processo de modelagem poligonal geralmente começa com a criação de uma forma básica, como um cubo ou um cilindro. Essa forma é então modificada a partir do uso de ferramentas de *extrusão*, *rebatimento* e *subdivisão*.

Para criar curvas, saliências e outros detalhes, os polígonos podem ser manipulados individualmente ou em grupos. Ferramentas de escultura, como o pincel e a força, podem ser usadas para fazer a subdivisão dos polígonos e criar, assim, formas mais complexas.

IMPORTANTE

A modelagem poligonal é a técnica mais comum de modelagem orgânica 3D, esculpindo objetos a partir de vértices, arestas e faces. Ideal para objetos com formas geométricas definidas, ela é relativamente fácil de aprender. Também pode ser usada para criar objetos de alta complexidade.

Modelagem de superfície

A modelagem de superfície é uma técnica avançada que permite criar objetos com superfícies lisas e contínuas, sem a necessidade de uma malha poligonal. É frequentemente usada para criar personagens e objetos que exigem alto nível de realismo.

O processo de modelagem de superfície geralmente começa com a criação de uma malha de polígonos. Essa malha é então convertida em uma superfície usando ferramentas de escultura ou deformação.

Para criar curvas suaves, as ferramentas de escultura, como o pincel e o martelo, podem ser usadas, modificando os pontos de controle da malha.

Figura 2.1 – Modelagem de superfície

Fonte: criado com IA (Adobe Firefly).

Modelagem de escultura

Esta técnica utiliza um dispositivo de entrada de movimento, como um tablet ou um espaço de trabalho de rastreamento de movimento, para criar formas esculpidas. Vamos explorá-la melhor no próximo tópico deste capítulo.

DICA

Fique de olho nesta tecnologia de captura de imagens que facilita a modelagem: a *fotogrametria*. Ela é como um portal que transforma fotografias em mundos 3D vibrantes e realistas. Por meio de um processo fascinante, captura as características, dimensões e posições de objetos a partir de imagens digitais georreferenciadas, abrindo um leque de possibilidades para diversas áreas.

Figura 2.2 – Modelagem com fotogrametria

Fonte: criado com IA (Adobe Firefly).

Técnicas adicionais

Além das técnicas básicas, existem outras que podem ser usadas para criar objetos orgânicos 3D.

- *Modelagem procedural:* essa técnica usa algoritmos para criar formas que seguem regras matemáticas.
- *Modelagem de partículas:* essa técnica usa partículas para criar objetos que se assemelham a líquidos, fumaça ou fogo.

Figura 2.3 – Modelagem de partículas

Fonte: criado com IA (Adobe Firefly).

Anatomia poligonal e topologia de malha

O que é a anatomia poligonal e a topologia de malha?

Pense em um objeto 3D como um modelo composto de polígonos, cada polígono representando uma pequena superfície. A anatomia do polígono refere-se à distribuição e à disposição desses polígonos, enquanto a topologia da malha descreve a estrutura geral da malha e como os polígonos se conectam entre si.

Uma malha de polígono possui alguns elementos, que são descritos a seguir.

- *Vértices:* pontos no espaço 3D que compreendem uma face e armazenam as informações das coordenadas x, y e z.

- *Arestas/bordas:* linhas que conectam dois vértices.

- *Faces:* conjunto fechado de *edges*, no qual três *edged face* formam um triângulo *mesh* e um quatro *edged face*, um *quad*. Faces contêm informações *surface* usadas para iluminação e sombras.

Figura 2.4 – Elementos da malha de polígono

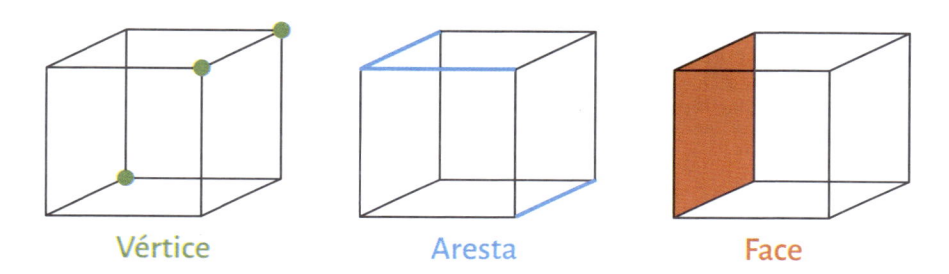

Vértice   Aresta   Face

- *Polígonos:* um conjunto de faces – em geral, quando há mais de quatro vértices conectados.

Figura 2.5 – Polígonos

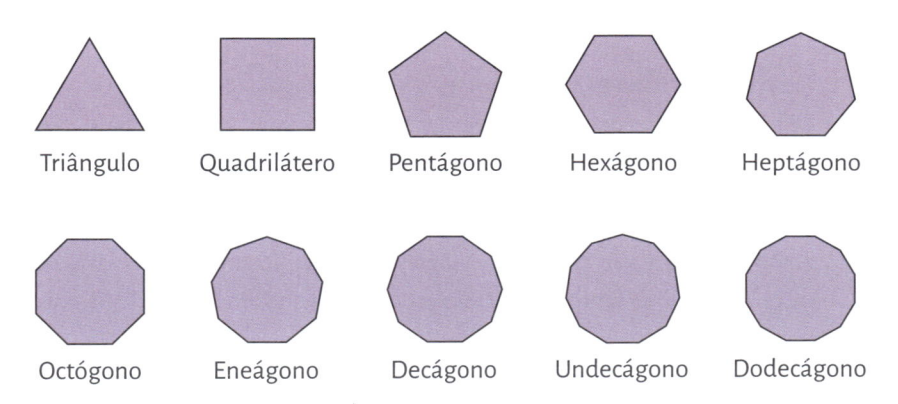

Triângulo   Quadrilátero   Pentágono   Hexágono   Heptágono

Octógono   Eneágono   Decágono   Undecágono   Dodecágono

- *Superfícies:* grupos de polígonos conectados que definem diferentes elementos da malha.

Figura 2.6 – Tipos de malhas

Low Poly   Mid Poly   High Poly

Tipos de malha 3D

No método *high poly*, os modelos têm uma alta contagem de polígonos, capturam detalhes distintos e superfícies lisas. É ideal para representar superfícies suaves e complexas, como rostos humanos, criaturas orgânicas detalhadas ou objetos realistas.

A topologia high poly prioriza a fidelidade visual sem se preocupar com o desempenho. É usada em filmes, animações de alta qualidade e gráficos digitais.

Já no método *low poly* os padrões têm poucos polígonos, resultando em modelos com menos detalhes. Embora ainda seja possível criar formas orgânicas, elas geralmente têm uma aparência mais simplificada e geométrica. É comum em jogos e animações, em que a eficiência de recursos é importante.

A topologia low poly prioriza a eficiência, usando o menor número possível de polígonos para representar a forma de um objeto com fidelidade aceitável.

Figura 2.7 – Árvore low poly amarela

Ao contrário da high poly, a técnica low poly utiliza um número limitado de polígonos para criar objetos ou cenários, resultando em modelos com uma estética minimalista e geométrica. Fonte: criado com IA (Adobe Firefly).

Os modelos do método *mid poly* apresentam um nível médio de detalhes. Apesar de ter mais polígonos que a low-poly, a técnica de mid poly é otimizada para um bom desempenho e qualidade de imagem. A topologia poligonal encontra um equilíbrio entre detalhes e eficiência, o que é útil para animações, fotos e outros projetos que exigem mais realismo.

Uma técnica que transforma a anatomia poligonal é a *segmentação de malha*. Com ela, a topologia de uma malha low poly ou mid poly pode ser refinada automaticamente, criando um modelo high poly com mais detalhes. Isso permite criar diferentes modelos adequados para diferentes necessidades.

A *modelagem de caixa* utiliza formas geométricas simples (caixas, esferas, etc.) como base para modelagem. É ideal para criar protótipos rápidos e estruturas básicas. A topologia da caixa de correspondência geralmente é simples e organizada, facilitando a manipulação e edição do conteúdo.

Já a *modelagem poly by poly* é uma modelagem detalhada, em que a construção do modelo é feita polígono por polígono. Permite excelente controle sobre a anatomia poligonal, criando formas complexas e orgânicas. Essa topologia pode ser muito complexa, necessitando de cuidados para garantir um fluxo suave de informações e evitar problemas.

Na *modelagem de superfícies sólidas*, como robôs, veículos e edifícios, a anatomia poligonal e a topologia de malha são essenciais para alcançar realismo e precisão.

Na *topologia de quatro linhas*, a distribuição de polígonos é feita em quadrados e retângulos, criando um fluxo de informações que unifica e facilita a modelagem de formas complexas. É ideal para superfícies lisas e planas.

Por fim, na *topologia de fluxo de borda*, o polígono flui em direção às bordas do modelo, seguindo as linhas naturais da forma. É usada em superfícies curvas e detalhadas.

IMPORTANTE

Dominar a anatomia poligonal e a topologia de malha é essencial para se tornar um modelador 3D completo. Você poderá criar modelos eficientes, realistas e versáteis para projetos que vão desde jogos low poly até esculturas altamente detalhadas. Explore diferentes técnicas de modelagem para encontrar a topologia ideal para cada tipo de objeto.

Sólidos primitivos

Um sólido primitivo é uma forma geométrica básica, como cubo, esfera, cilindro e cone, que pode ser usada como ponto de partida para a modelagem 3D. É gerado por equações matemáticas, que definem sua dimensão e forma, e é frequentemente usado como bloco de construção para criar modelos mais complexos.

Todos os softwares trazem esses tipos de objetos para facilitar e agilizar o fluxo de trabalho. Dentro de cada software o nome pode ser diferente, mas as bases são as mesmas.

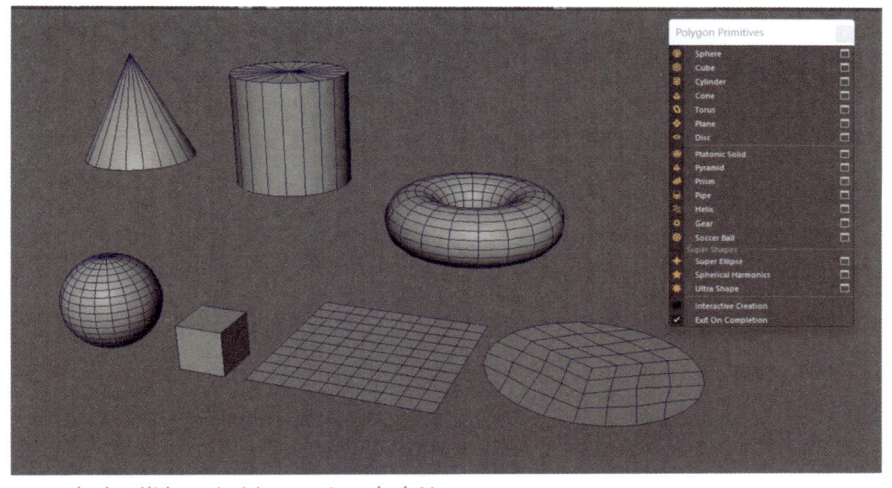

Figura 2.8 – Sólidos primitivos

Exemplo de sólidos primitivos no Autodesk Maya.

Modificadores poligonais

No mundo da modelagem 3D, os modificadores poligonais são ferramentas que transformam simples malhas em obras de arte complexas. Imagine ter o poder de torcer, dobrar e esculpir seus modelos com precisão cirúrgica – tudo isso sem precisar recomeçar do zero. É aí que os modificadores entram em cena.

A maioria dos softwares 3D oferece uma variedade de modificadores que operam na estrutura interna dos objetos, manipulando seus vértices no espaço 3D. Um exemplo clássico é o modificador *Girar* (ou *Twister*, dependendo do software), que rotaciona cada vértice do objeto, criando um efeito de giro suave.

E a magia dos modificadores não se limita ao objeto. Alguns operam em um nível mais detalhado, nas subcamadas do modelo. Isso significa que você pode esculpir cada parte do seu objeto de forma independente, criando designs intrincados e personalizados.

Para dominar os modificadores, é importante entender suas *principais propriedades*:

- *Versatilidade:* eles podem ser aplicados a todo o objeto ou a partes específicas, utilizando seleções de subobjetos.

- *Ordem:* a ordem em que os modificadores são aplicados influencia o resultado final. Aplicar Dobrar antes de Girar gera um efeito diferente do que inverter a ordem.

- *Pilha de modificadores:* cada modificador é adicionado à pilha, onde você pode ativá-los, desativá-los e reorganizá-los para explorar diferentes possibilidades.

- *Espaço global:* alguns modificadores transcendem o espaço do objeto, utilizando coordenadas globais. Isso significa que eles são aplicados após todas as transformações e modificadores de espaço de objeto.

IMPORTANTE

Com esses modificadores poligonais, você pode criar diversos modelos 3D. Explore as opções disponíveis em seu software, pratique e aperfeiçoe constantemente suas técnicas.

Quadro 2.1 – Tipos de modificadores

Extrude	Cria um novo objeto a partir de um objeto existente, estendendo-o em uma direção.
Bevel	Adiciona arestas ou cantos arredondados a um objeto.
Lathe	Cria um objeto cilíndrico a partir de uma curva.
Revolve	Cria um objeto cilíndrico ou esférico a partir de uma curva ou superfície.
Twist	Gira um objeto em torno de um eixo.
Taper	Reduz ou aumenta o diâmetro de um objeto ao longo de um eixo.
Mirror	Cria um reflexo de um objeto.
Array	Cria uma matriz de objetos repetidos.
Subdivision Surface	Adiciona detalhes a um objeto, dividindo-o em mais polígonos.
Smooth	Suaviza as bordas de um objeto.
Edit Poly	Edita um objeto poligonal de forma livre.
Edit Mesh	Edita um objeto de malha de forma livre.
NURBS	Cria objetos usando curvas e superfícies NURBS.
Shape	Aplica uma forma a um objeto.
Morph	Combina dois ou mais objetos para criar um novo objeto.
FFD	Deforma um objeto usando um conjunto de pontos de controle.
Wave	Deforma um objeto usando uma onda ou outro padrão.
Boolean	Combina dois ou mais objetos usando operações booleanas.

Dependendo do software, o nome dos modificadores pode sofrer alteração.

Ferramentas de edição de malha 3D

As ferramentas de edição de malha tridimensional permitem aos usuários alterar a forma, o tamanho e a aparência de um objeto tridimensional composto por uma malha de polígonos. Podem ser divididas em duas categorias principais: ferramentas de seleção e de modificação.

Ferramentas de seleção

As ferramentas de seleção são usadas para selecionar polígonos, arestas ou vértices de uma malha. Elas são essenciais para a edição de malha, pois possibilitam o trabalho com partes específicas de um objeto.

Algumas das ferramentas de seleção mais comuns incluem:

- *Seleção de polígono*: permite selecionar um ou mais polígonos de uma malha.
- *Seleção de aresta*: permite selecionar uma ou mais arestas de uma malha.
- *Seleção de vértice*: permite selecionar um ou mais vértices de uma malha.

Ferramentas de modificação

As ferramentas de modificação são usadas para alterar a forma, o tamanho ou a aparência de uma malha. Podem ser utilizadas para criar novos objetos, alterar objetos existentes ou reparar objetos danificados.

Algumas das ferramentas de modificação mais comuns incluem:

- *Extrusão*: estende uma forma ao longo de um eixo, criando um objeto 3D.
- *Rotação*: gira um objeto em torno de um eixo.
- *Escala*: aumenta ou diminui o tamanho de um objeto.
- *Suavização*: suaviza as arestas de um objeto, criando uma superfície mais uniforme.
- *Subdivisão*: divide os polígonos de um objeto em polígonos menores, criando uma superfície mais suave e detalhada.

IMPORTANTE

As ferramentas de edição de malha tridimensional são uma parte essencial de qualquer software de modelagem 3D, pois permitem aos usuários criar modelos complexos e detalhados com facilidade.

Outras ferramentas

Além das ferramentas de seleção e modificação, existem outras ferramentas de edição de malha que podem ser úteis:

- *Ferramentas de alisamento*: removem arestas e cantos indesejados de uma malha.

- *Ferramentas de retoque*: permitem corrigir erros ou imperfeições em uma malha.

- *Ferramentas de limpeza*: removem polígonos redundantes ou desnecessários de uma malha.

DICA

O uso de ferramentas de edição de malha pode ser um processo desafiador, mas com um pouco de prática você será capaz de criar modelos 3D complexos e detalhados. Aqui vão algumas dicas:

- *Comece com um objeto simples*: é mais fácil aprender a usar ferramentas de edição de malha com um objeto simples, como um cubo ou uma esfera.

- ***Experimente diferentes configurações:*** não tenha medo de experimentar diferentes configurações de ferramentas para ver o que elas fazem.

- ***Use referências:*** se você estiver criando um modelo baseado em um objeto real, use referências para ajudar a obter a forma e o tamanho corretos.

Modelando um objeto

As ferramentas básicas da modelagem 3D, como *mover e escalonar vértices*, *ajustar formas* e realizar *extrusões*, servem como blocos de construção para criar qualquer objeto.

Embora sejam ferramentas simples, o desafio da modelagem 3D reside na sua capacidade de visualizar e trabalhar em um ambiente tridimensional. É preciso desenvolver uma visão espacial aguçada para manipular os objetos com precisão e criar formas complexas de maneira intuitiva.

Por isso, comece com projetos simples, com modelos básicos para se familiarizar com as ferramentas e o ambiente 3D. Experimente diferentes softwares para encontrar o que melhor se adapta ao seu estilo e necessidades. Participe de fóruns e grupos on-line para trocar ideias, tirar dúvidas e se inspirar com o trabalho de outros modeladores 3D.

E que tal agora colocar tudo isso em prática?

Você pode escolher o software que será utilizado – 3ds Max, Autodesk Maya ou outro software de modelagem 3D – e, a partir das capturas de tela adiante, seguir o procedimento ilustrado.

A ideia é adaptar as instruções para cada software. Portanto, utilize as capturas de tela apenas como *referência visual*: crie e desenvolva conforme a sua escolha de software.

Começamos usando um painel semântico *moodboard*. De maneira prática, um *moodboard* é uma composição visual que reúne diferentes elementos, como imagens, textos, cores, texturas e até mesmo elementos auditivos ou sensoriais, com o objetivo de transmitir ou representar uma ideia, conceito, tema ou atmosfera.

Os *moodboards* são frequentemente usados em diversas áreas criativas (design gráfico, moda, publicidade, arquitetura, projetos audiovisuais, etc.). Eles servem como uma ferramenta eficaz para comunicar visualmente o estilo desejado, a estética ou a direção que se pretende seguir em um projeto, fornecendo uma referência visual tangível para todos os envolvidos no processo criativo.

Nesta prática, vamos aprender como modelar um objeto em um software 3D.

Observe as *imagens de referência* para a modelagem 3D de um avião.

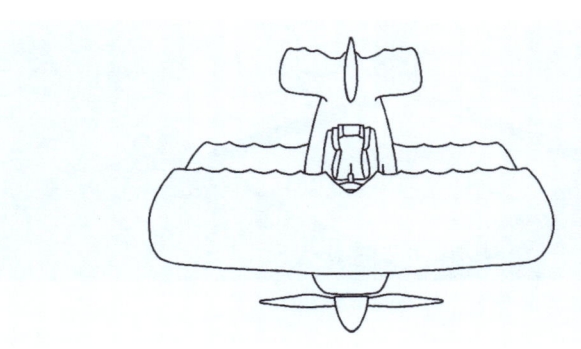

Figura 2.9 – Imagem de referência (topo)

Fonte: Proença (2008).

Figura 2.10 – Imagem de referência (lateral)

Fonte: Proença (2008).

Figura 2.11 – Imagem de referência (frontal)

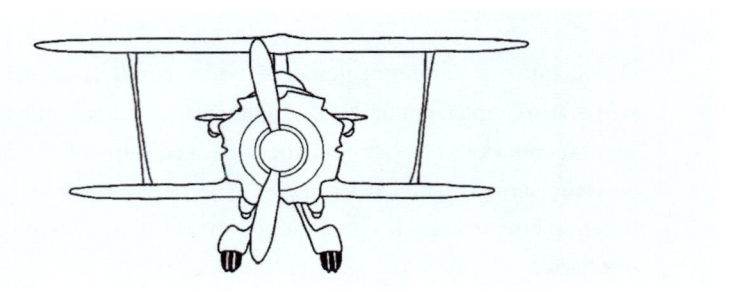

Fonte: Proença (2008).

Figura 2.12 – Imagens de referência em conjunto

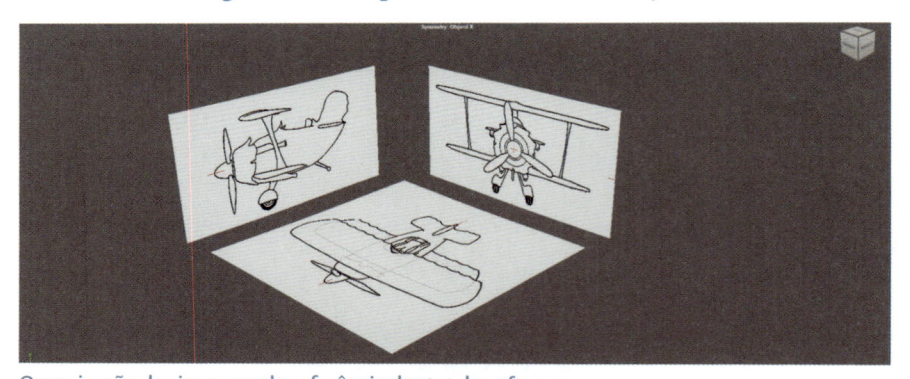

Organização das imagens de referência dentro do software.
Fonte: Proença (2008).

Figura 2.13 – Imagens de referência com sólidos

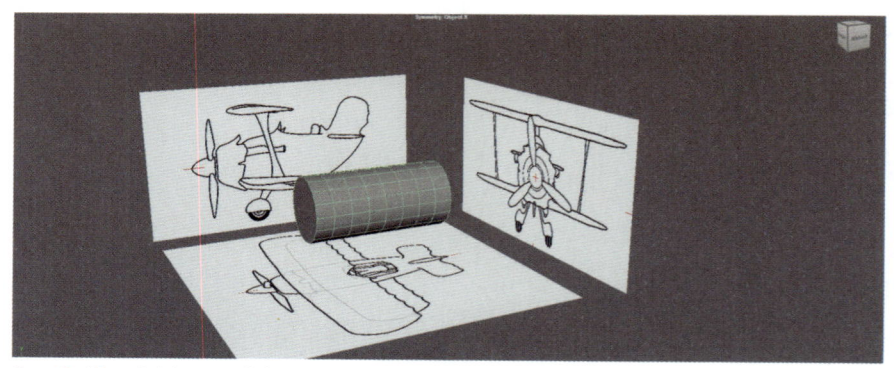

Para facilitar, inicie a modelagem 3D com sólidos.
Fonte: Proença (2008).

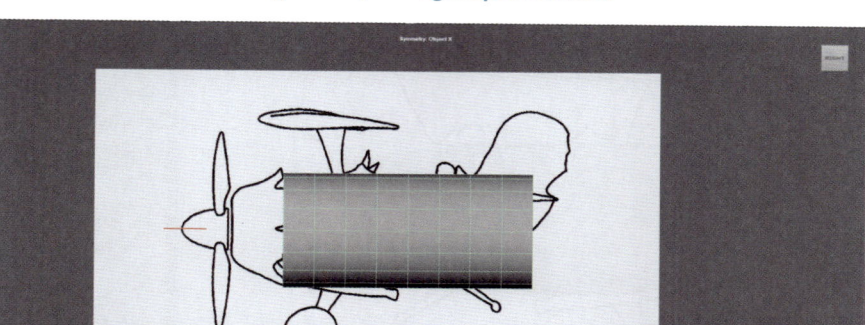

Figura 2.14 – Imagem posicionada

Posicione a imagem de forma adequada para iniciar a organização dos vértices.
Fonte: Proença (2008).

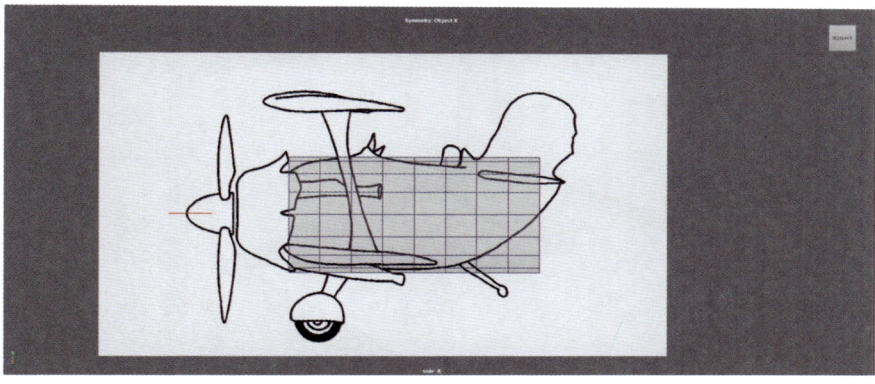

Figura 2.15 – Imagem posicionada para ajuste

Ajuste a imagem.
Fonte: Proença (2008).

Figura 2.16 – Vértices

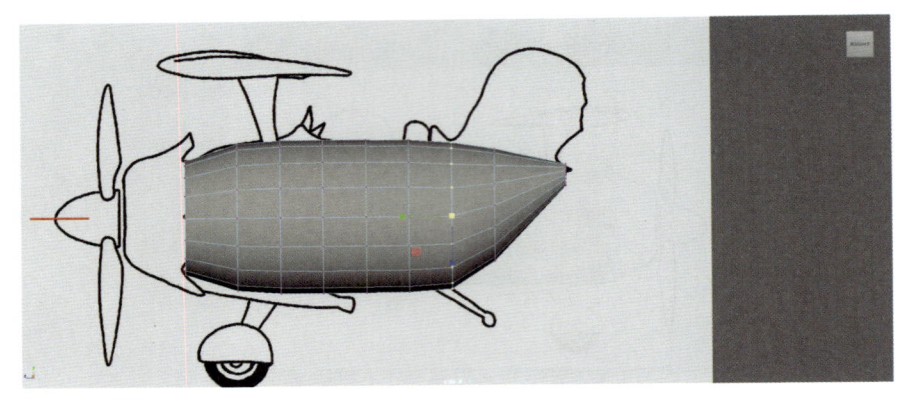

Mova os vértices.
Fonte: Proença (2008).

Figura 2.17 – Vértices

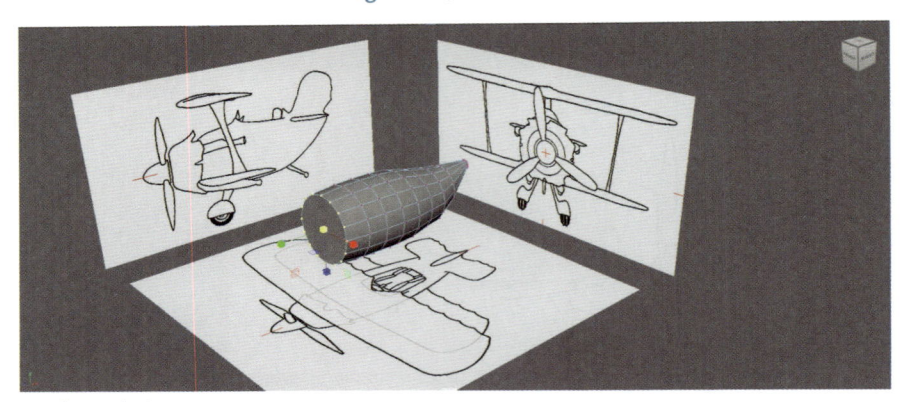

Escale os vértices.
Fonte: Proença (2008).

Figura 2.18 – Seleção de polígonos

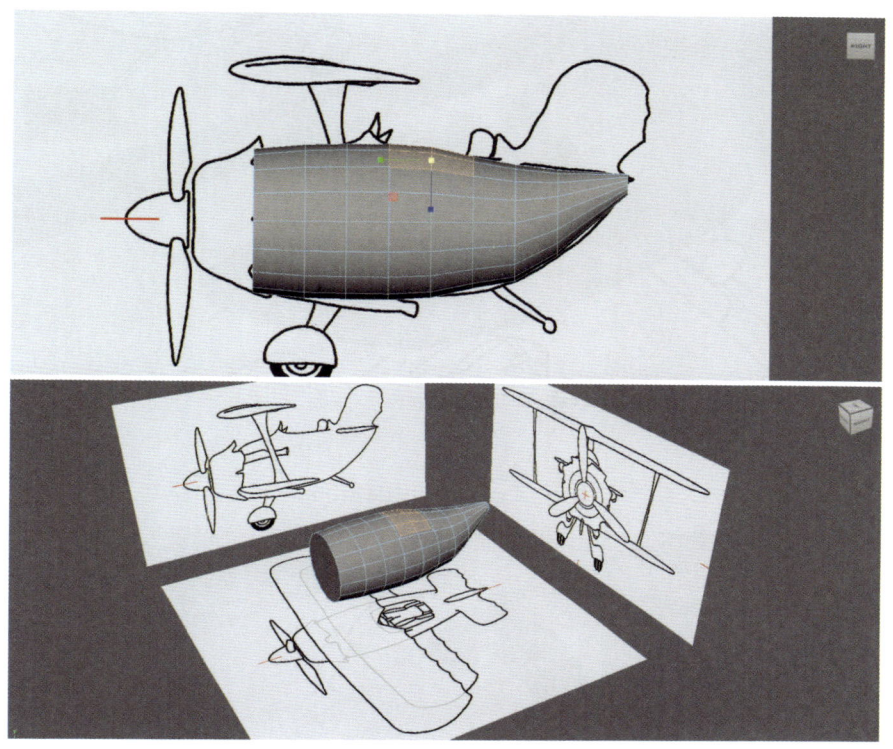

Selecione os polígonos para criar uma extrusão negativa.
Fonte: Proença (2008).

Figura 2.19 – Inclusão de polígonos

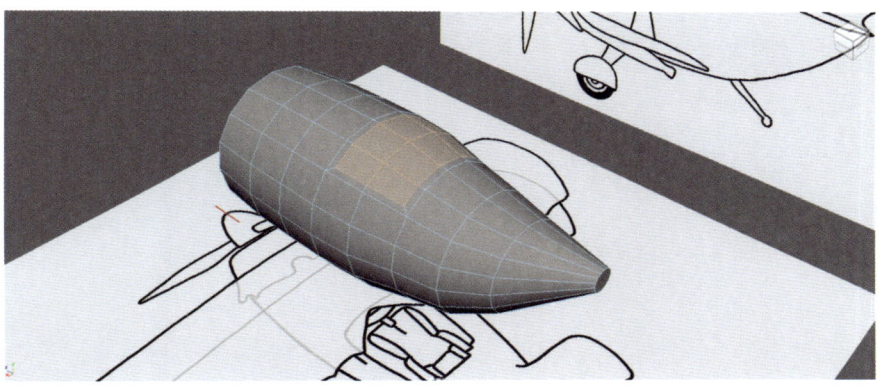

Insira os polígonos para criar a extrusão.
Fonte: Proença (2008).

Figura 2.20 – Extrusão negativa

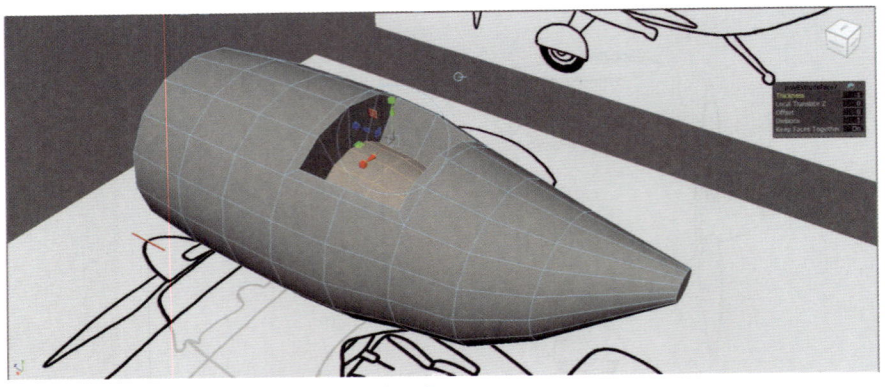

Extrusão negativa para formar a cabina de pilotagem.
Fonte: Proença (2008).

Figura 2.21 – Ajuste de cabina

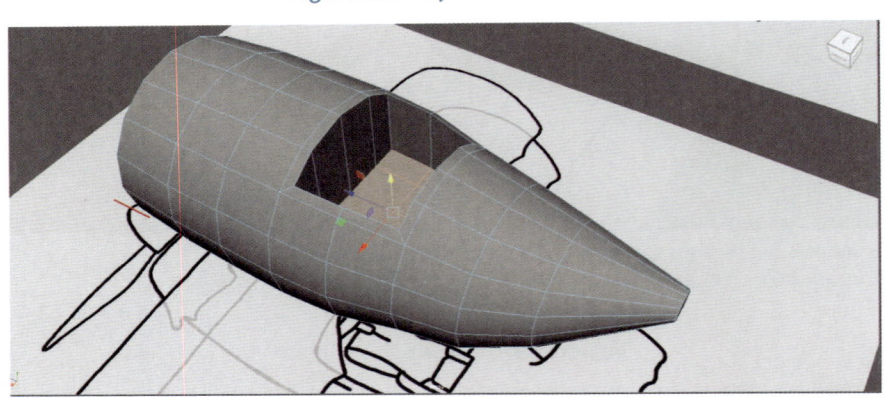

Ajuste a cabina.
Fonte: Proença (2008).

Figura 2.22 – Ajuste de edges

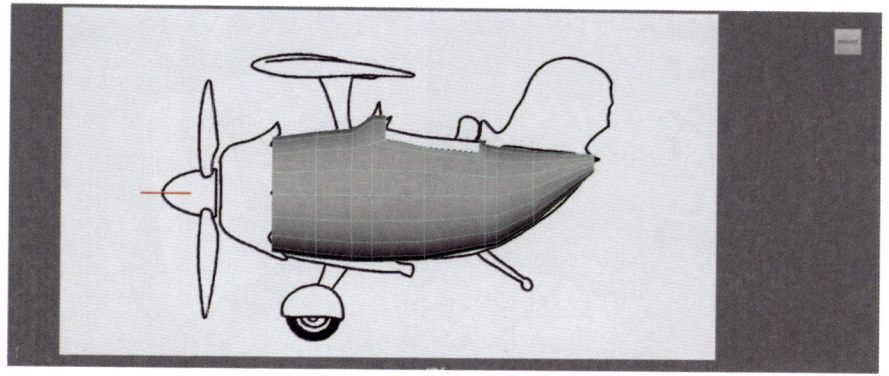

Ajuste os edges (arestas) para dar o fluxo da malha 3D.
Fonte: Proença (2008).

Figura 2.23 – Cópia de polígonos

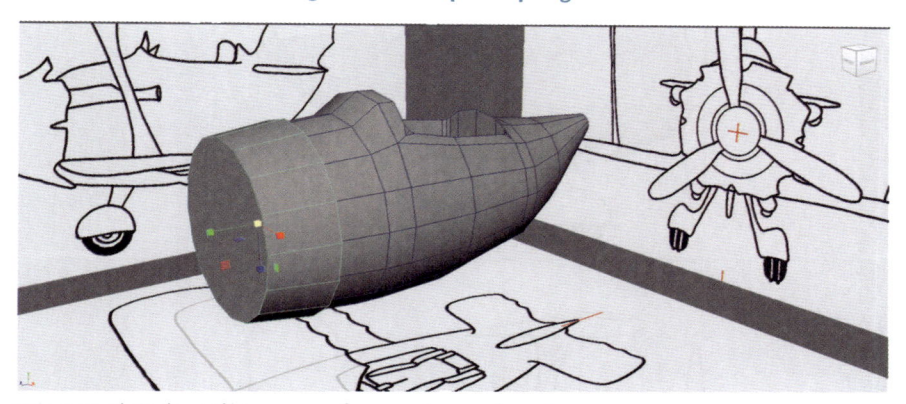

Crie uma cópia dos polígonos para formar a tampa do motor.
Fonte: Proença (2008).

Figura 2.24 – Vértices da tampa do motor

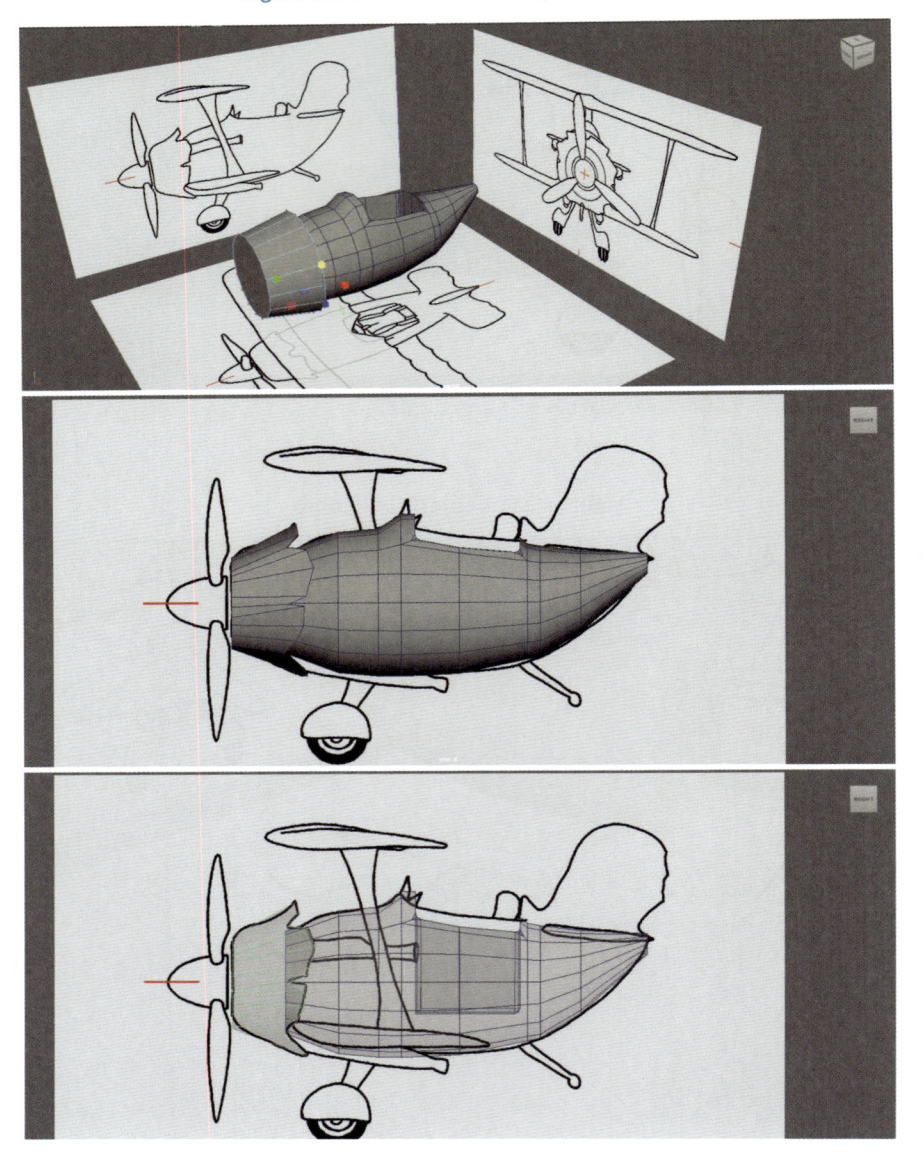

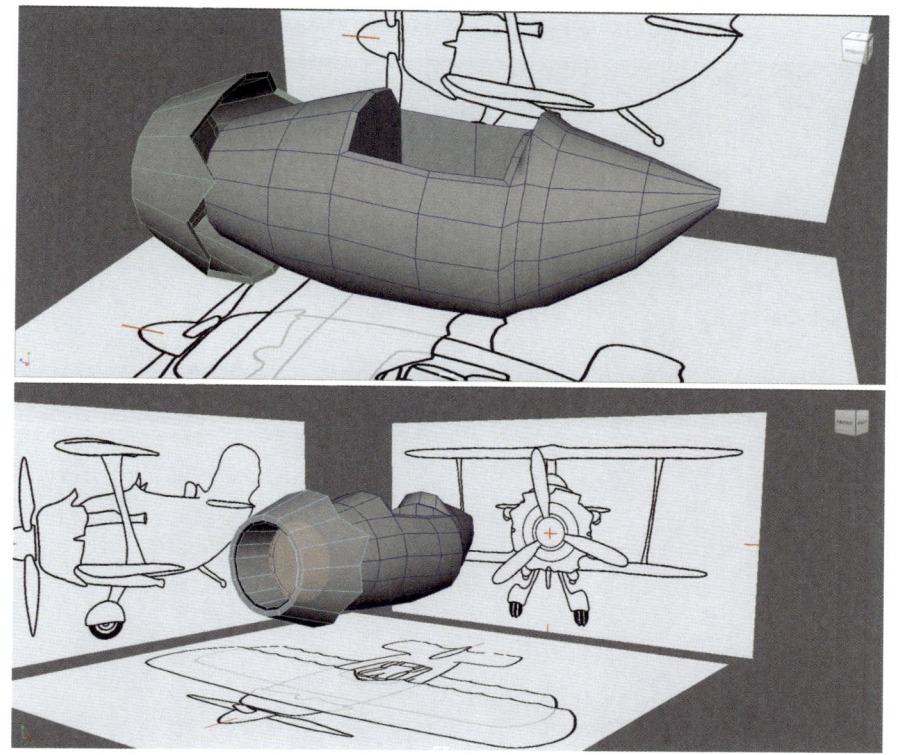

Ajuste os vértices da tampa do motor.
Fonte: Proença (2008).

Figura 2.25 – Peças para o motor do avião

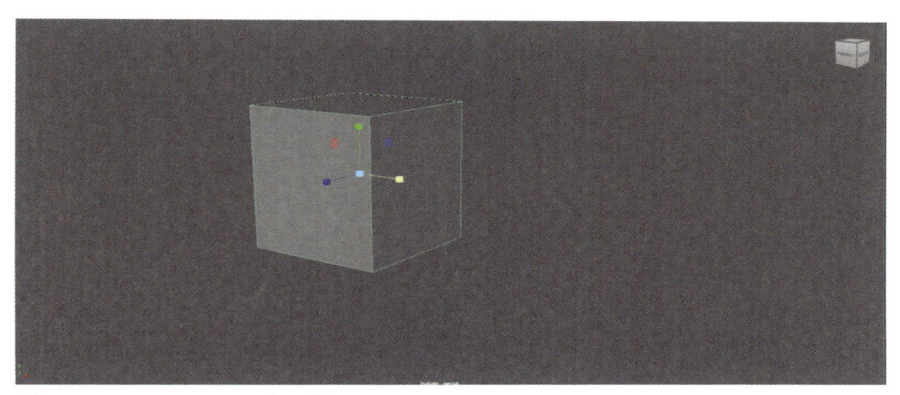

Crie as peças para o motor do avião.
Fonte: Proença (2008).

Figura 2.26 – Movimento de vértices

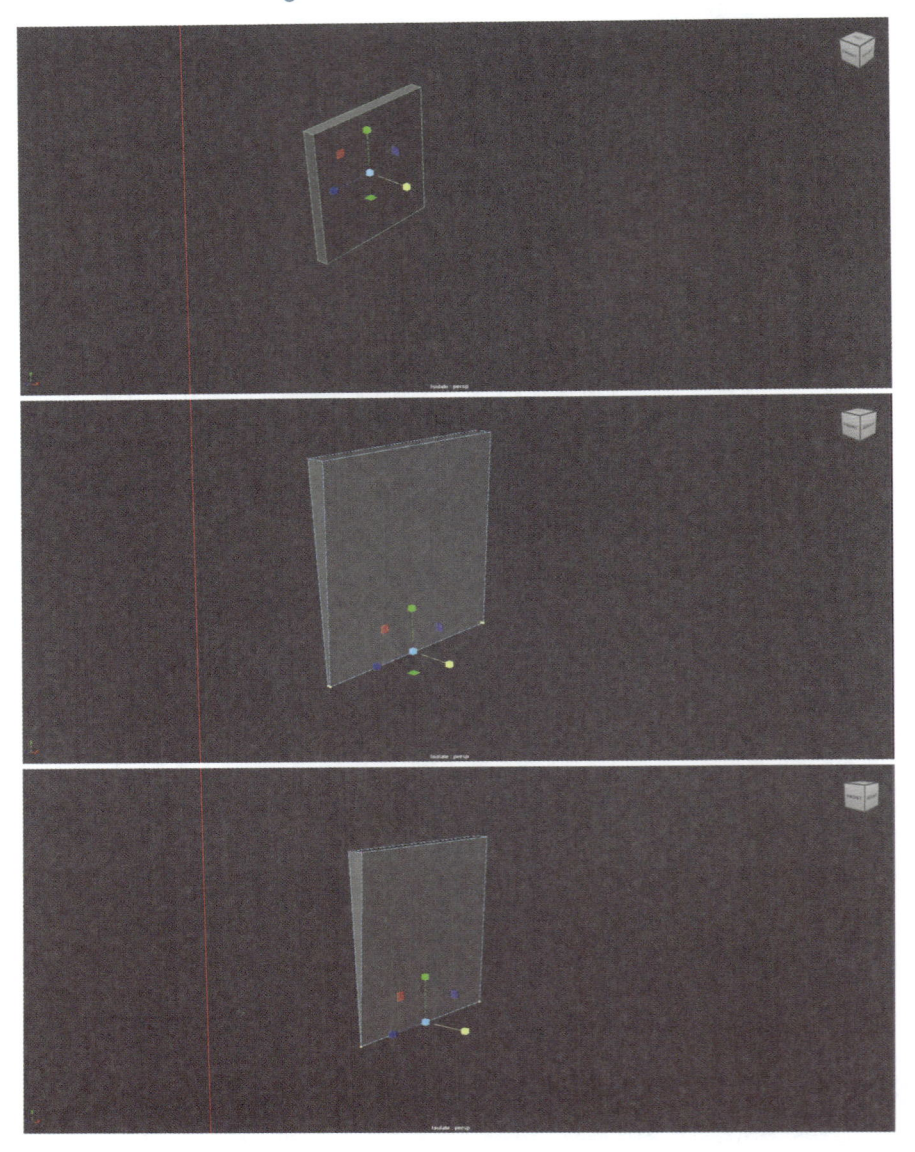

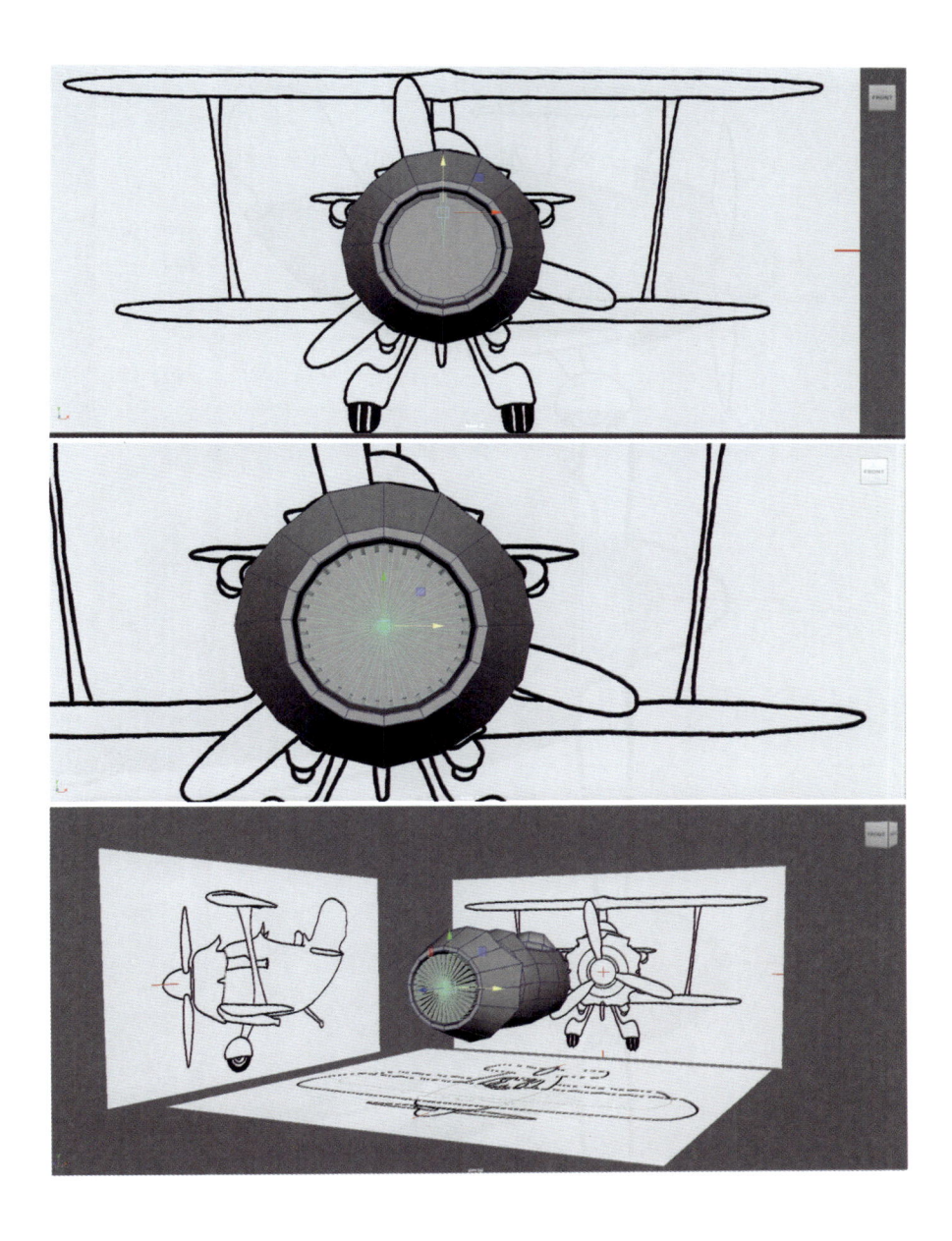

DESENVOLVIMENTO DE MODELAGEM TRIDIMENSIONAL

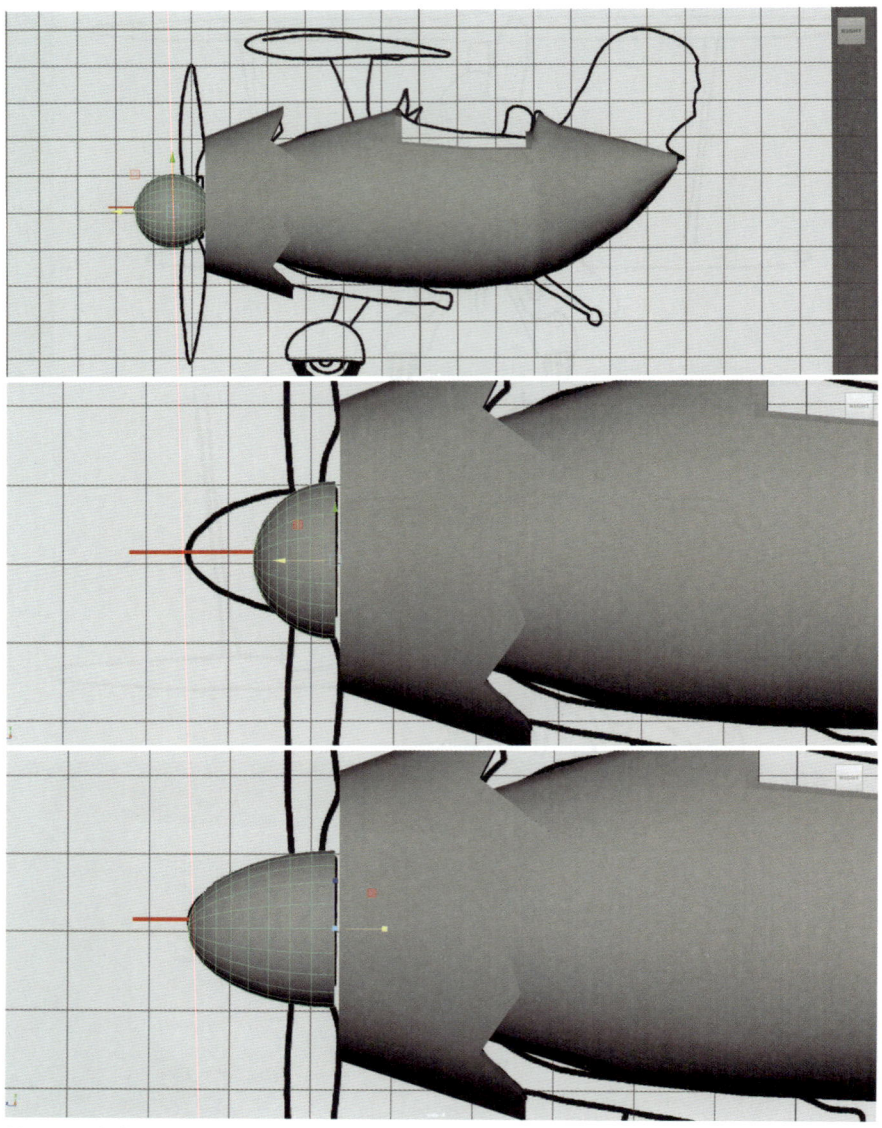

Mova os vértices.
Fonte: Proença (2008).

Figura 2.27 – Hélice

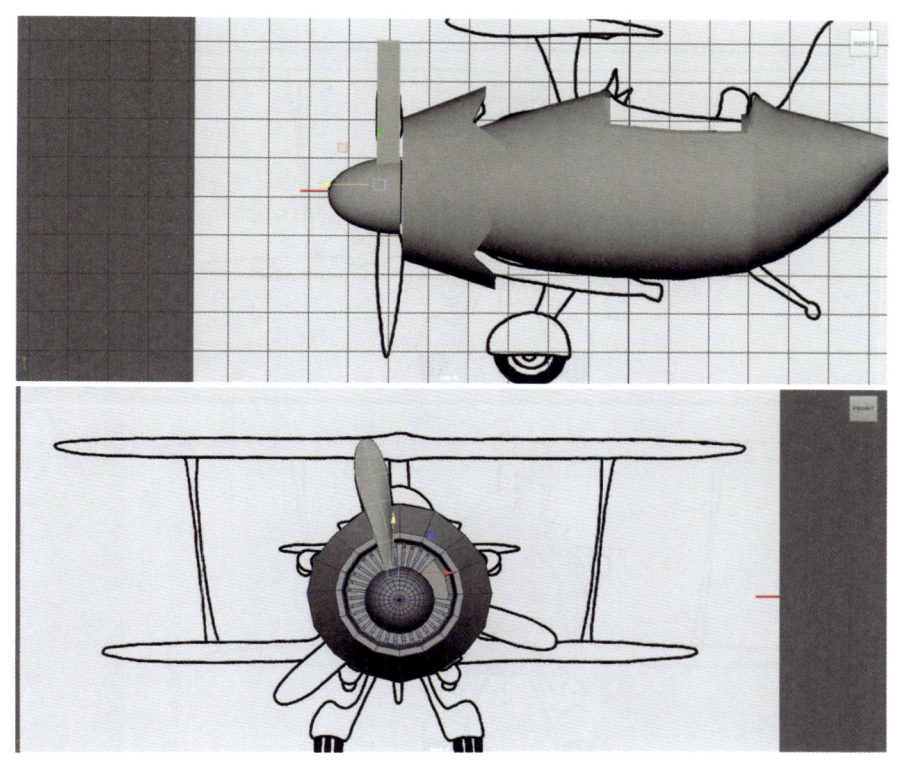

Crie a hélice.
Fonte: Proença (2008).

Figura 2.28 – Ajuste da hélice

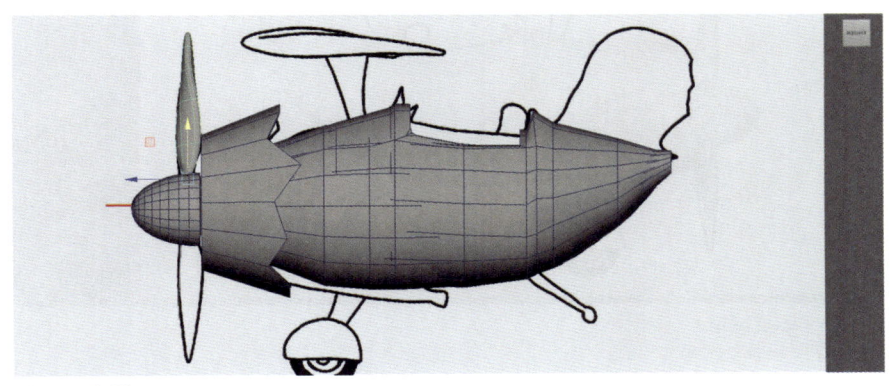

Ajuste a hélice.
Fonte: Proença (2008).

Figura 2.29 – Cópias da hélice

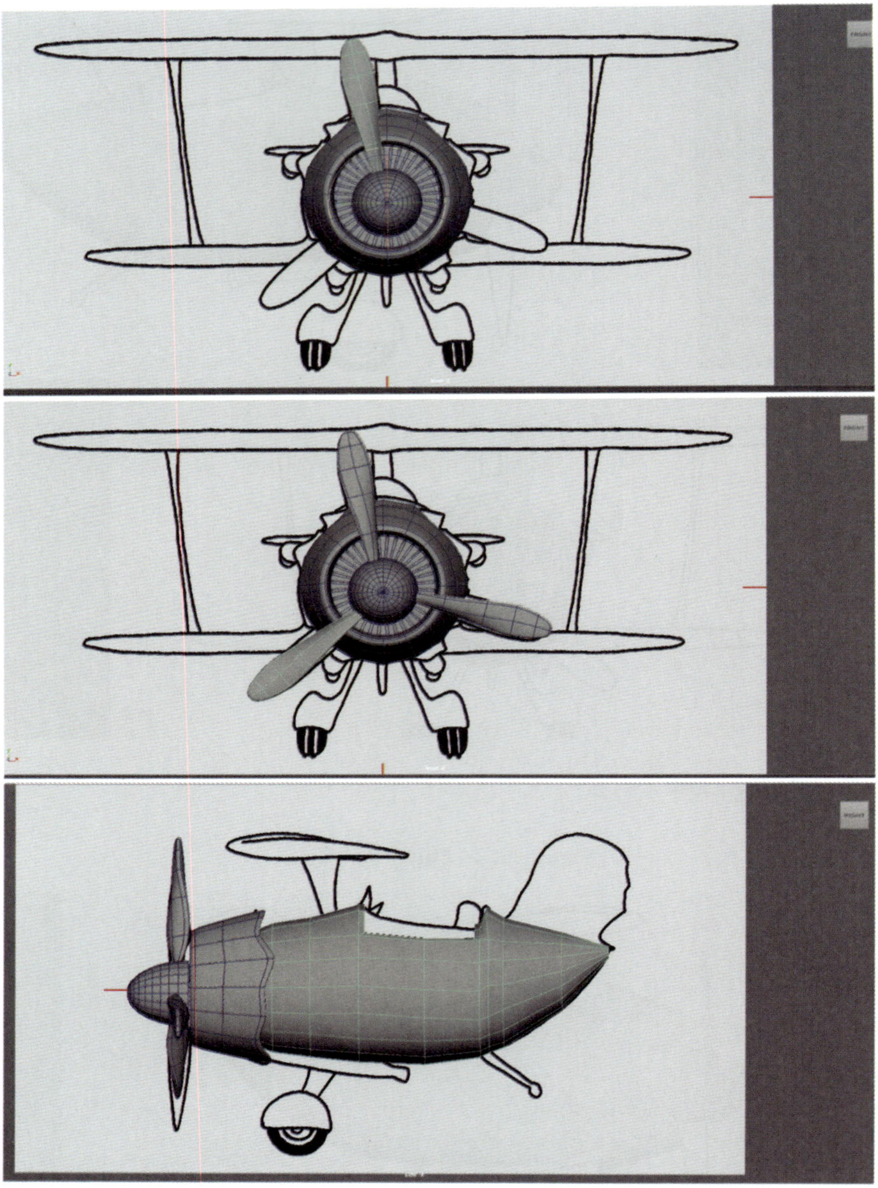

Crie cópias da hélice.
Fonte: Proença (2008).

Figura 2.30 – Ajustes do cockpit

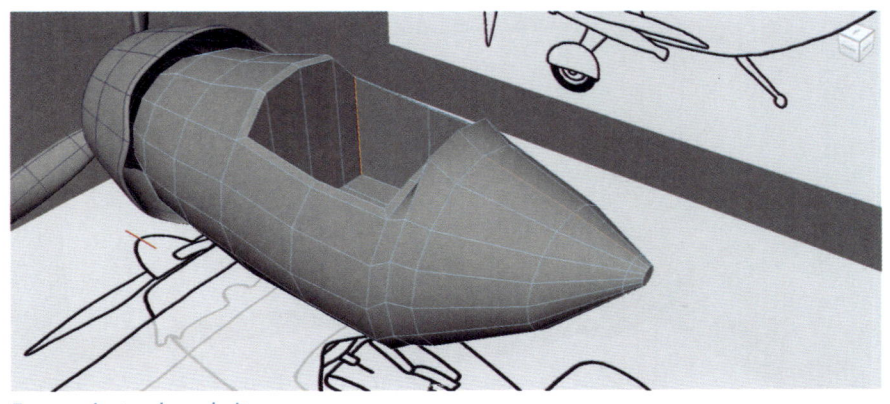

Faça os ajustes do cockpit.
Fonte: Proença (2008).

Figura 2.31 – Leme traseiro

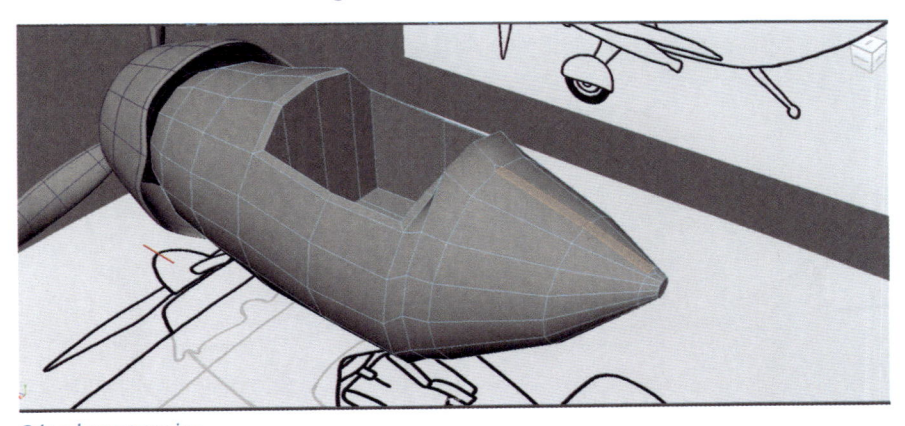

Crie o leme traseiro.
Fonte: Proença (2008).

Figura 2.32 – Extrusão

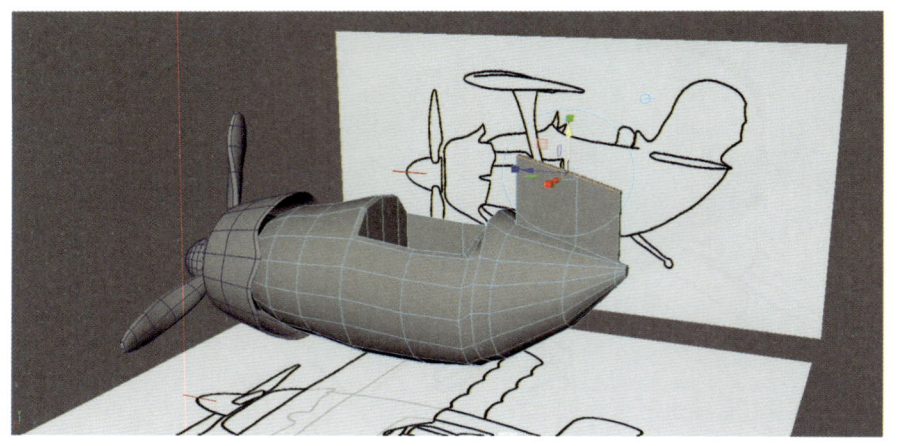

Fonte: Proença (2008).

Figura 2.33 – Vértices e polígonos

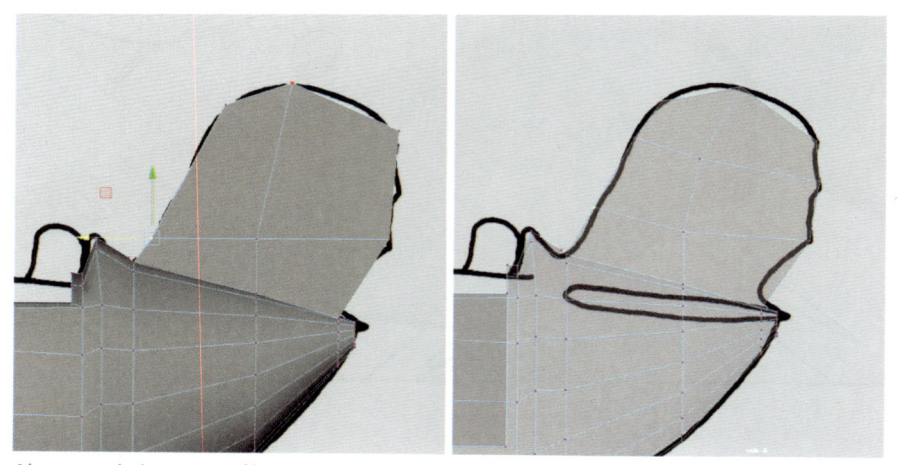

Ajuste os vértices e os polígonos.
Fonte: Proença (2008).

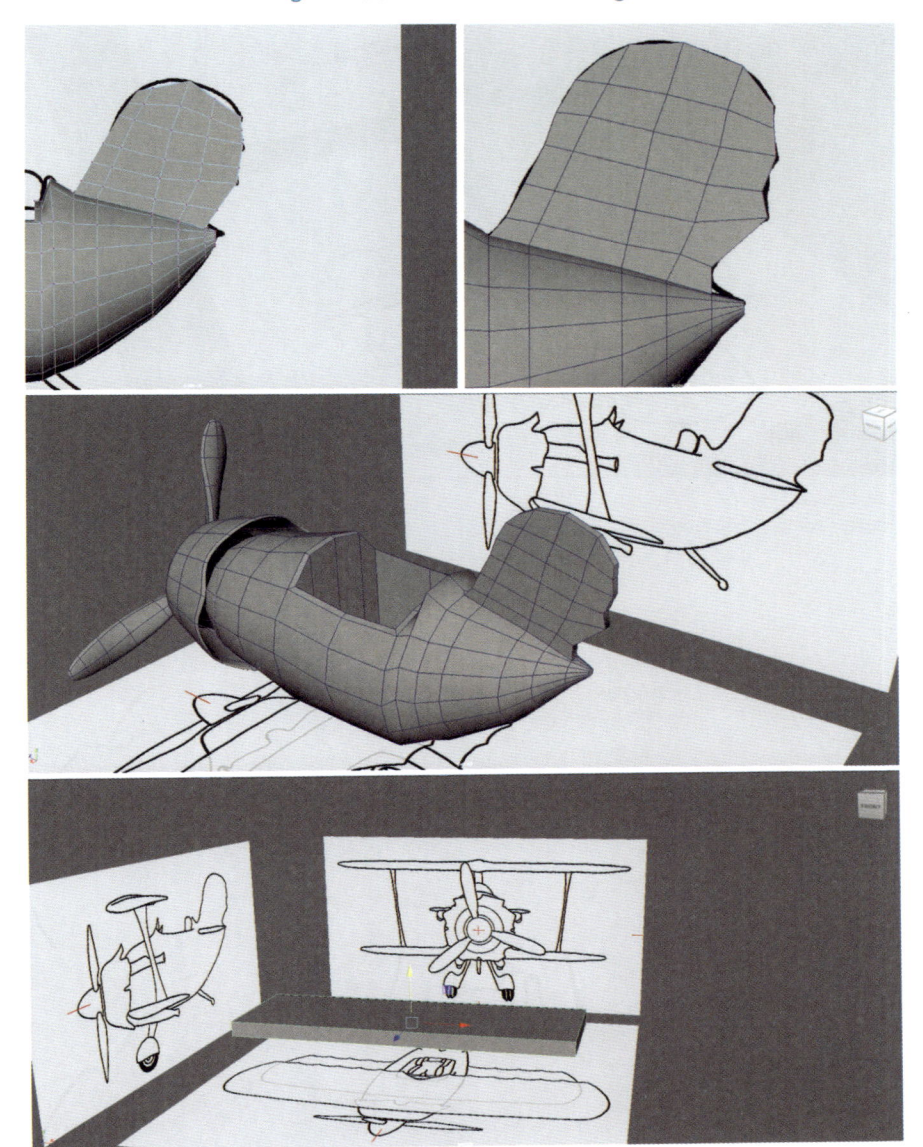

Figura 2.34 – Inclusão de mais edges

Inclua mais edges (arestas) para melhorar o fluxo da malha 3D.
Fonte: Proença (2008).

Figura 2.35 – Asas

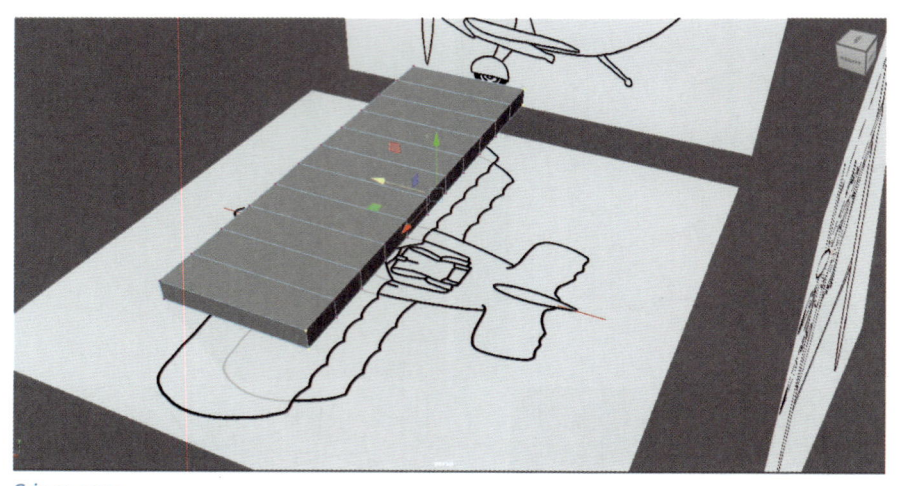

Crie as asas.
Fonte: Proença (2008).

Figura 2.36 – Vértices das asas

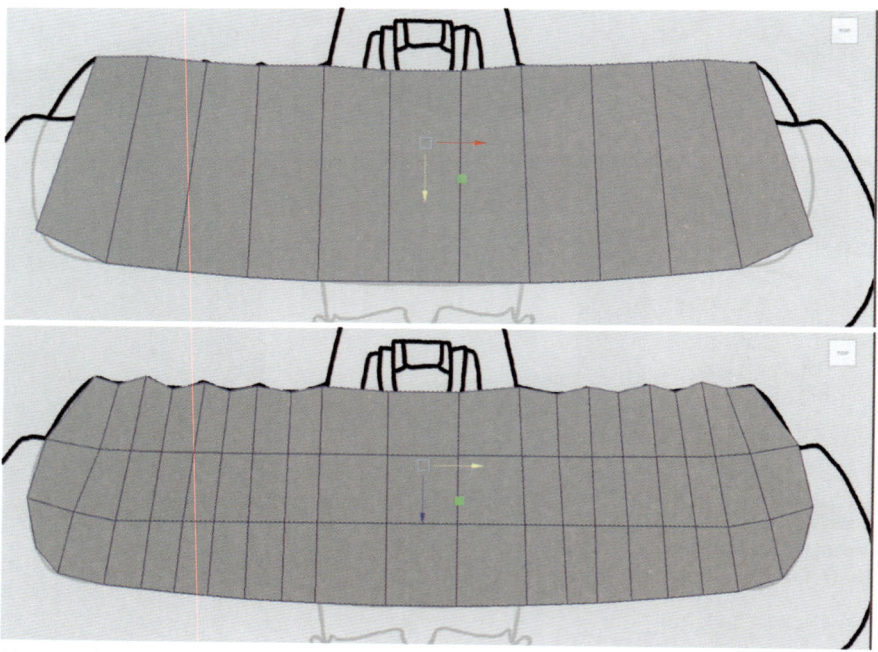

Mova os vértices.
Fonte: Proença (2008).

Figura 2.37 – Posicionamento das asas

Organize a posição.
Fonte: Proença (2008).

Figura 2.38 – Posicionamento das asas no software

Fonte: Proença (2008).

DESENVOLVIMENTO DE MODELAGEM TRIDIMENSIONAL

Figura 2.39 – Ajuste de malha

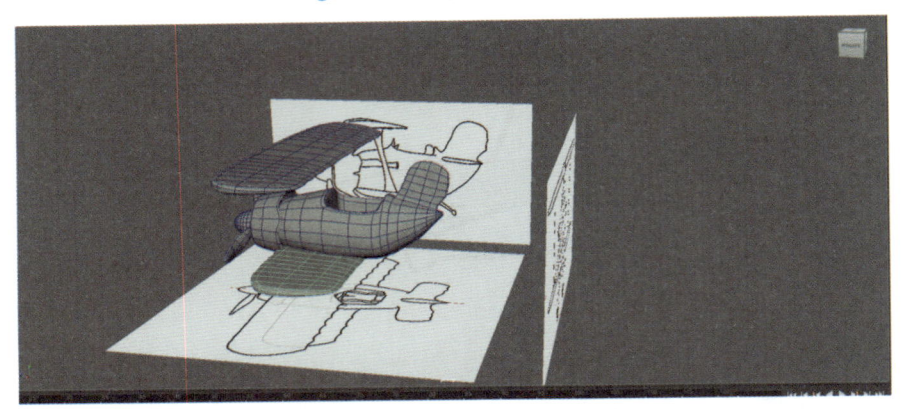

Ajuste a malha 3D.
Fonte: Proença (2008).

Figura 2.40 – Detalhes do avião

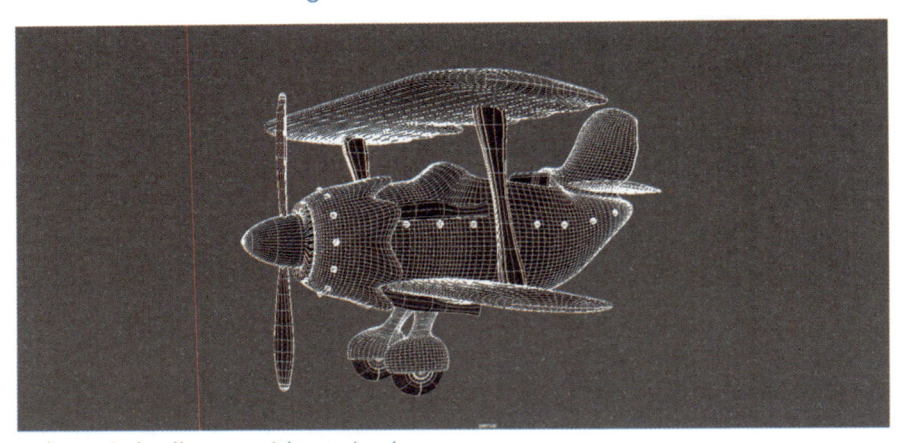

Inclua mais detalhes e capriche no visual.

Figura 2.41 – Vista frontal do avião

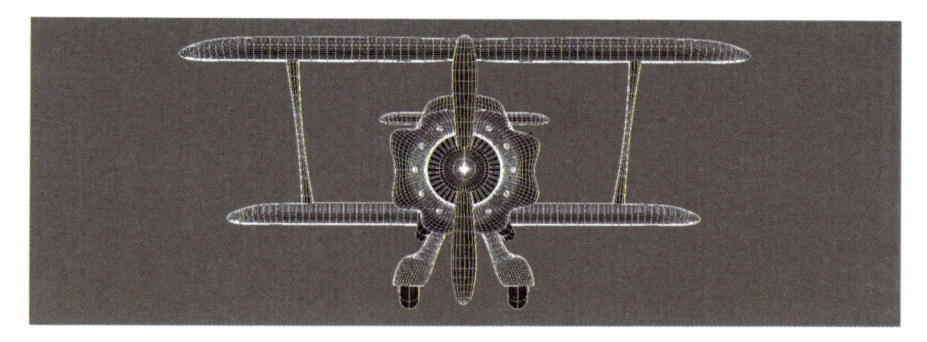

Figura 2.42 – Vista lateral do avião

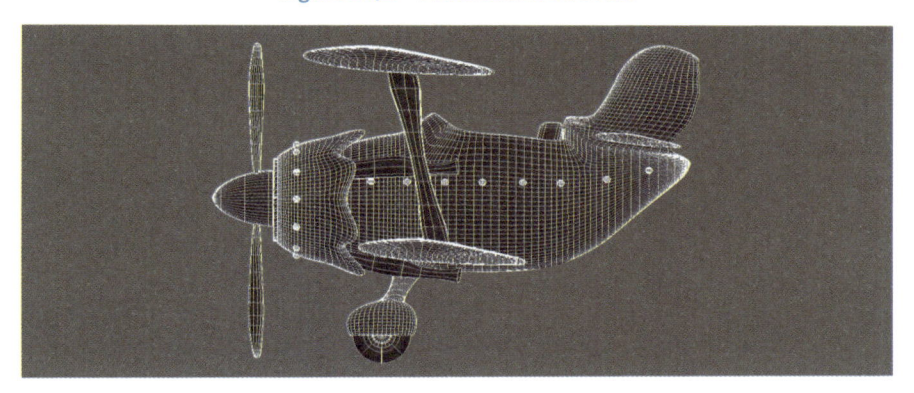

Figura 2.43 – Vista do topo do avião

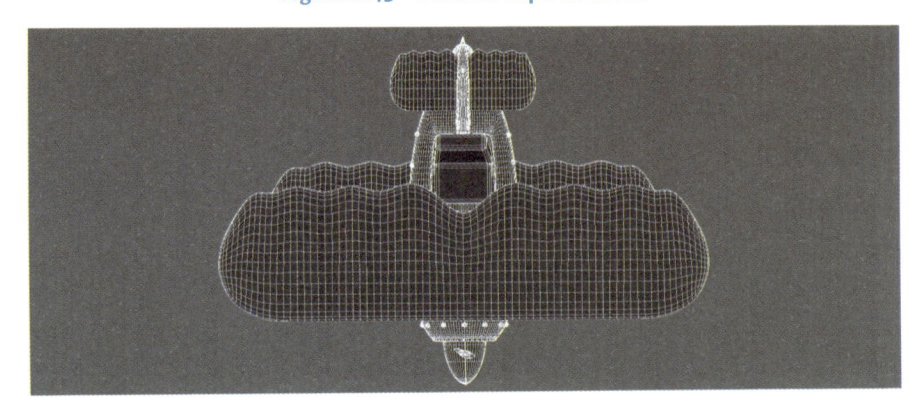

Não iremos praticar aqui a modelagem de personagens, mas a ideia é basicamente a mesma do processo feito para um objeto como o avião.

IMPORTANTE

A modelagem 3D é a arte de dar vida às suas ideias no mundo digital. Por meio de softwares especializados, você manipula vértices, faces e volumes para construir objetos tridimensionais realistas e detalhados.

3. APLICAÇÃO DE MATERIAIS, TEXTURAS E CONFIGURAÇÕES DE RENDERIZAÇÃO

Materiais

Imagine um mundo 3D sem cores brilhantes ou objetos transparentes delicados. Como dar vida aos modelos 3D? É aqui que entra a *aplicação de materiais*, para transformar desenhos em obras de arte.

Cada material possui características únicas que determinam sua aparência e comportamento no mundo físico. São como ingredientes de uma receita, cuidadosamente combinados para produzir resultados surpreendentes.

Vamos ver alguns exemplos das configurações do *renderizador Arnold dentro do Autodesk Maya*.

Figura 2.44 – Standard Surface

Fonte: Autodesk Maya 2024 (s. d.).

Figura 2.45 – Standard Surface Presets

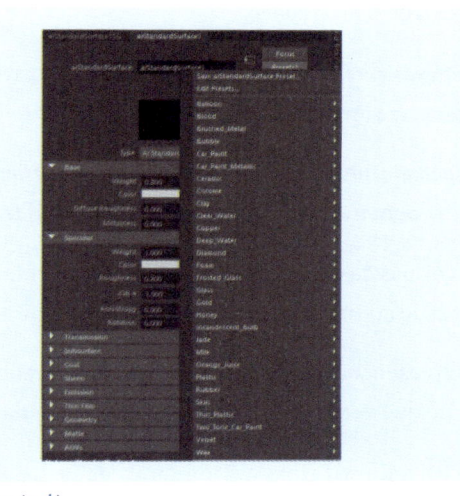

Fonte: Autodesk Maya 2024 (s. d.).

O Standard Surface traz esse material base apresentado nas figuras, que poderá ser configurado a partir dos seguintes componentes:

- *Transparência (transparency):* controla a quantidade de luz que passa pelo material. Um valor de 1 torna o material completamente transparente, enquanto 0 o torna opaco.

- *Camada de revestimento (coat):* uma camada adicional sobre o material base permite simular efeitos como camadas transparentes (vernizes), vidro fosco, etc.

- *Emissão (emission):* útil para criar objetos autoiluminados ou superfícies que brilham, mesmo em ambientes escuros.

- *Metal:* possibilita a criação de materiais metálicos.

- *Filme fino (thin film):* camada adicional sobre os componentes especulares usada para criar efeitos de coloração espectral.

- *Reflexão e refração especular:* define como a luz reflete e refrata de forma brilhante na superfície.

- *Brilho (sheen):* camada específica para modelar tecidos, simulando o efeito de brilho suave.

- *Reflexão e refração difusa:* define como a luz reflete e refrata de forma fosca na superfície.

- *Espalhamento subsuperficial (subsurface scattering):* simula a forma como a luz penetra e se espalha por um material translúcido, como a pele.

A *cor* é a cor básica que aparece quando a luz incide sobre ela, dando vida e personalidade ao modelo.

O *brilho* representa a capacidade de um material refletir a luz, criando o efeito brilhante que vemos no plástico, na madeira e na pedra.

O *reflexo* (metalness) simula a interação da luz com superfícies reflexivas, como vidro e metal, permitindo capturar o mundo ao redor do objeto com detalhes realistas.

A *transparência* permite que a luz passe através de um objeto, fazendo-o parecer transparente ou opaco, perfeito para representar vidro e outros materiais com diversos níveis de luz.

A *refração* ocorre quando a luz muda de direção ao passar de uma superfície para outra, como quando vemos um objeto imerso em água, ou quando a luz solar passa por um prisma. Essa estrutura cria efeitos ópticos especialmente em vidro.

Os *shaders* são como pincéis, permitindo controlar com precisão a aparência dos objetos em diferentes condições de iluminação. Eles descrevem como a cor, o contraste, o reflexo, a claridade e a refração se comportam em cada ponto da superfície de um objeto.

Textura

O *mapeamento de textura* é o processo de aplicar uma imagem 2D, chamada de textura, a uma superfície 3D. Isso é feito para dar ao modelo 3D uma aparência mais realista e detalhada.

Para mapear uma textura em um modelo 3D, primeiro é necessário criar um mapa UV. Um *mapa UV* é uma representação 2D da superfície 3D. Ele é criado mapeando cada vértice do modelo 3D para um ponto no espaço 2D.

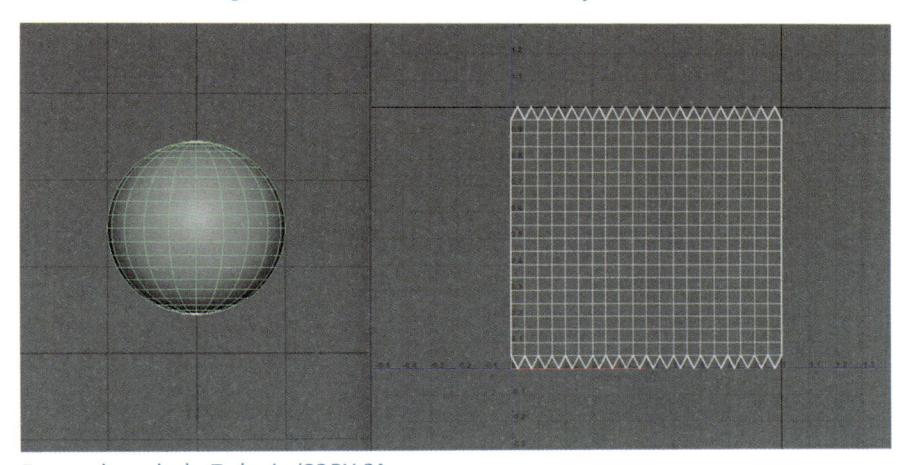

Figura 2.46 – Esfera 3D e sua malha planificada

Fonte: adaptado de: Tschmits/CC BY-SA 3.0.

Figura 2.47 – Esfera com cor azul aplicada à sua malha

Fonte: adaptado de: Tschmits/CC BY-SA 3.0.

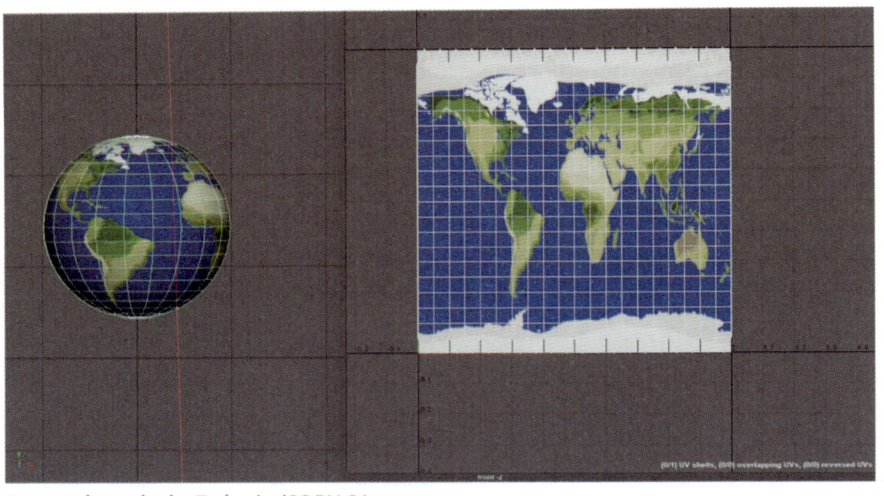

Figura 2.48 – Resultado do mapa UV

Fonte: adaptado de: Tschmits/CC BY-SA 3.0.

Depois que um mapa UV é criado, a textura pode ser aplicada ao modelo 3D a partir de um software de modelagem 3D. O software usa o mapa UV para mapear os pixels da textura para os vértices do modelo 3D.

Existem vários *tipos diferentes de mapeamento de textura*. O tipo usado depende do tipo de textura que está sendo aplicado e do efeito que se deseja criar. Alguns dos mais comuns são:

- *Mapeamento planar:* é o tipo mais simples de mapeamento de textura. Ele usa uma projeção plana da textura para a superfície 3D.

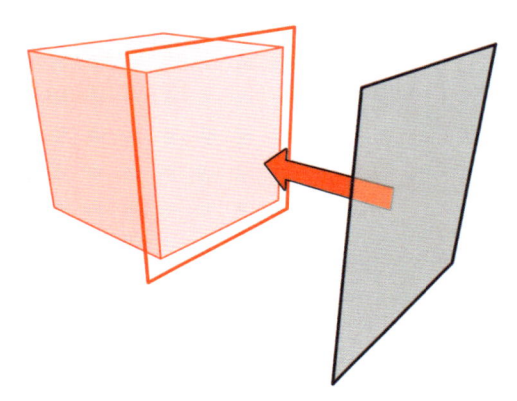

Figura 2.49 – Mapeamento planar

- *Mapeamento cilíndrico:* projeta a textura em um cilindro. É usado para aplicar texturas a objetos cilíndricos, como canos ou colunas.

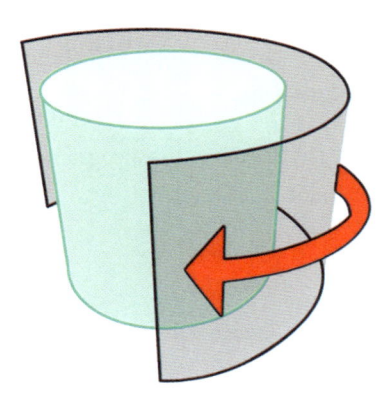

Figura 2.50 – Mapeamento cilíndrico

- *Mapeamento esférico:* projeta a textura em uma esfera. É usado para aplicar texturas a objetos esféricos, como globos ou bolas.

Figura 2.51 – Mapeamento esférico

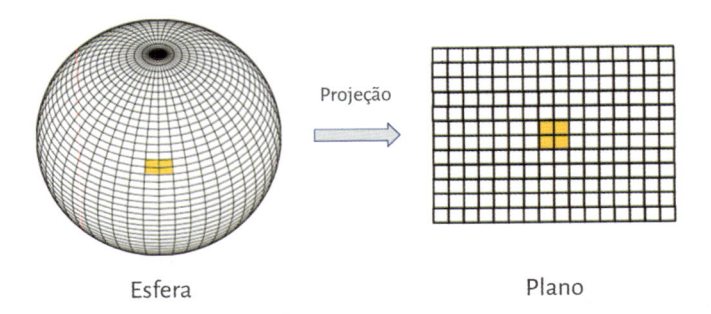

Esfera → Projeção → Plano

Para consolidar o conteúdo e facilitar nosso entendimento, vejamos um resumo de alguns conceitos importantes e a relação entre eles.

Shaders

- São como programas de computador que definem as propriedades físicas e visuais de um material.
- Controlam aspectos como cor, reflexão, refração, opacidade, especularidade e textura.
- Permitem criar efeitos complexos, como brilho, metalização, translucidez e rugosidade.
- São escritos em linguagens de programação específicas para shaders, como GLSL, HLSL eCg.

Materiais

- Combinação de *shaders* e texturas que define a aparência final de um objeto.
- Funcionam como uma receita que determina como o *shader* será aplicado à textura.

- Permitem definir propriedades como cor base, textura, mapeamento UV, *normal map*, *specular map* e emissividade.

- Geralmente criados em interfaces gráficas nos softwares de modelagem 3D.

Texturas

- São imagens que fornecem detalhes visuais para o material.

- Podem ser fotografias, pinturas, desenhos ou imagens geradas por computador.

- Aplicadas ao modelo 3D por meio do mapeamento UV, que define como a imagem se encaixa na superfície do objeto.

- Conferem realismo ao modelo, imitando cores, padrões, texturas e imperfeições do mundo real.

Imagine que você está pintando uma casa. O *shader* seria a tinta, que define a cor e o tipo de acabamento. O *material* seria a mistura de tinta, água e outros aditivos, que define a viscosidade e outras propriedades da pintura. Já a *textura* seria o papel de parede ou o revestimento aplicado à parede, que define o padrão visual.

Um *shader* de metal, por exemplo, pode ser usado para criar um material dourado. O material define a cor base do ouro, a textura de metal polido e o mapeamento UV para ajustar a textura à superfície do objeto. A textura de metal polido fornece os detalhes visuais, como reflexos e brilho.

É importante ressaltar que softwares como o *Autodesk Maya*, o *Autodesk Mudbox* e o *Autodesk 3ds Max* são capazes de texturizar e mapear qualquer projeto, mesmo que não tenha sido criado neles.

Agora, vamos pintar o avião que modelamos na prática anterior?

A primeira regra é: tenha as superfícies do UV feitas no software de modelagem de sua preferência.

Para a pintura e a texturização do modelo 3D, utilizaremos o software *Substance 3D Painter* como exemplo. Primeiro, conheça alguns benefícios dele:

- *Texturização manual:* você consegue usar pincéis e ferramentas de pintura para aplicar texturas manualmente no seu modelo. O Painter oferece diversas ferramentas para diferentes tipos de pintura, como pincéis de cerdas, pincéis de difusão, pincéis de detalhes, etc.

- *Texturização automática:* utilize ferramentas como a *Preencher Projeções* para aplicar texturas automaticamente em áreas específicas do seu modelo. O Painter também oferece diversos filtros e geradores de textura para criar texturas procedurais.

- *Materiais predefinidos:* os materiais definem como a luz interage com a superfície do seu modelo. O Painter oferece diversos materiais predefinidos, como metal, plástico, tecido e madeira. Você também pode criar materiais personalizados.

- *Configurações de renderização:* o Painter oferece diversas configurações de renderização que permitem visualizar o resultado final do seu projeto (assunto que traremos adiante). Você pode ajustar, por exemplo, a iluminação, as sombras e o ambiente.

Para pintar no Substance 3D Painter, abra um projeto novo e importe seu arquivo no formato fbx ou obj.

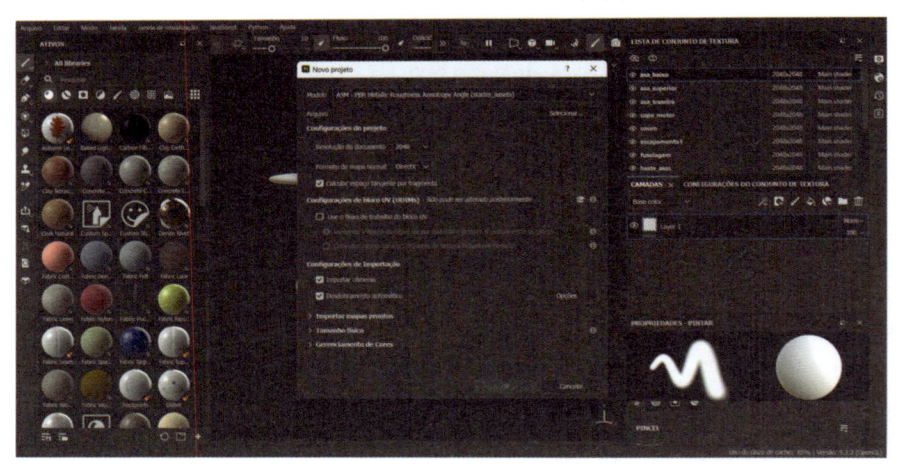

Figura 2.52 – Tela inicial do Substance 3D Painter

Figura 2.53 – Modelo importado

Figura 2.54 – Materiais predefinidos

À esquerda, você pode visualizar todos os materiais predefinidos dentro do Substance 3D Painter.

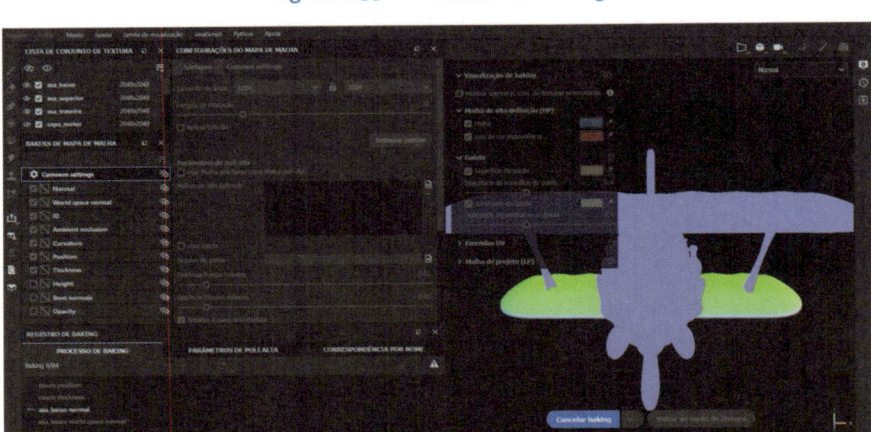

Figura 2.55 – Processo de baking

O processo de baking se refere à ação de transferência de informações básicas em malha para texturas. Essas informações são então lidas por shaders e/ou filtros de matéria para realizar efeitos avançados. Por exemplo, materiais inteligentes e máscaras inteligentes dependem deles.

Figura 2.56 – Lista e configurações do conjunto de textura

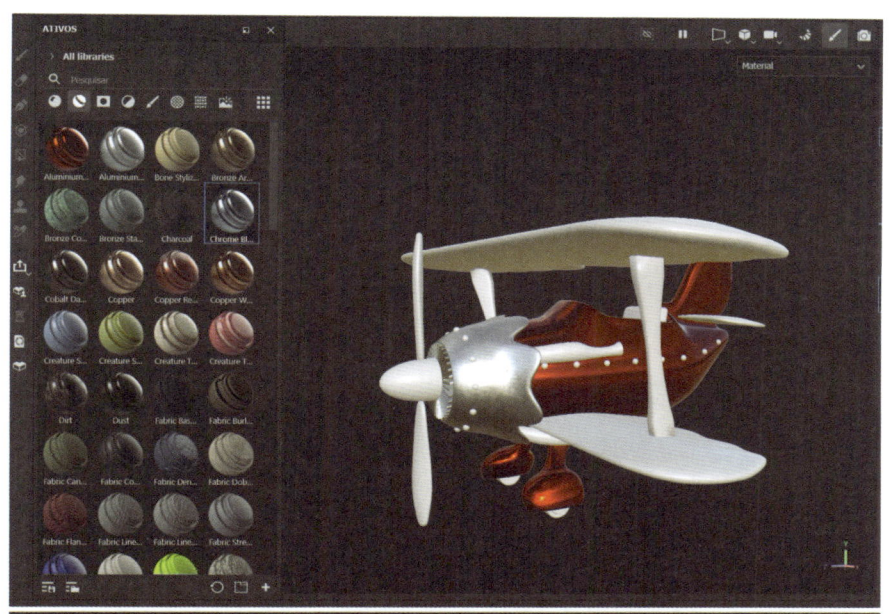

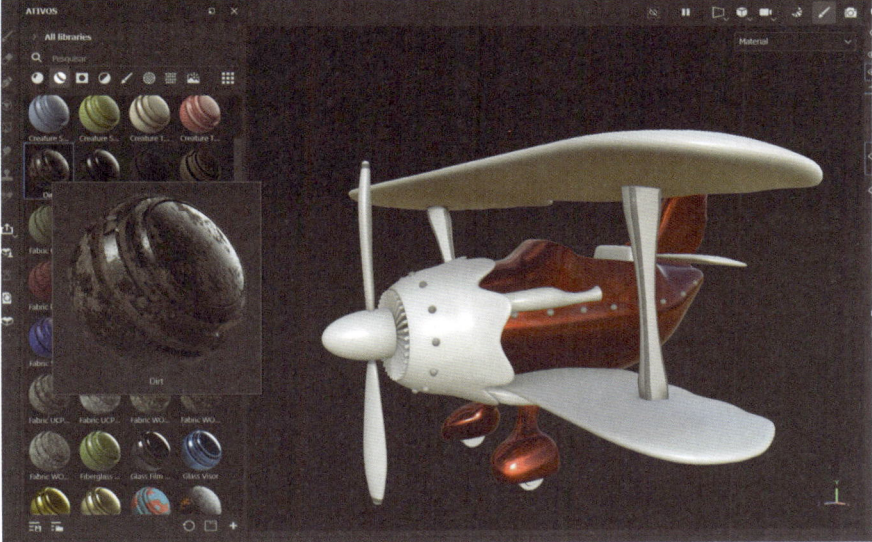

Figura 2.57 – Biblioteca de materiais e máscaras inteligentes

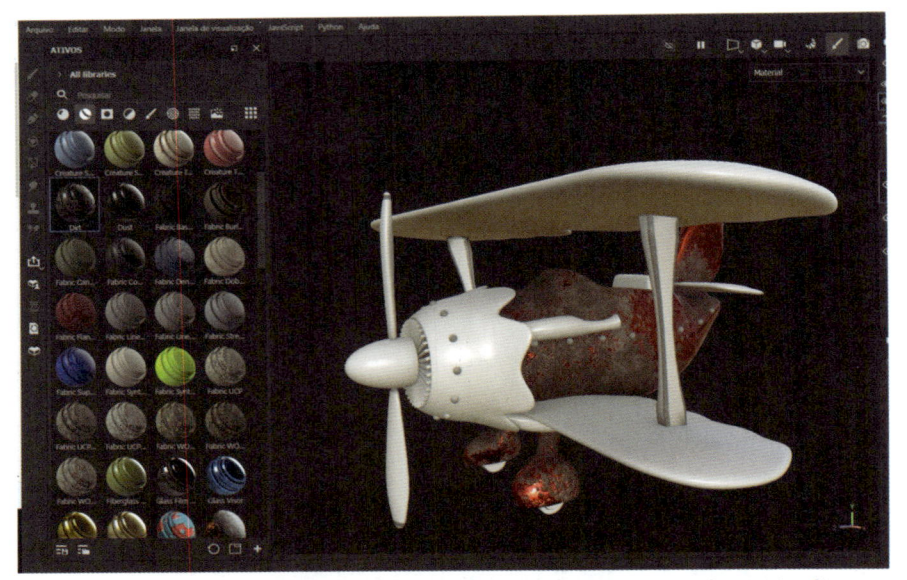

No Painter, você tem acesso a uma biblioteca abrangente de materiais e máscaras inteligentes que permitem criar texturas realistas e complexas com facilidade. Simule o desgaste natural de peças, as deformações de malhas 3D e outros efeitos.

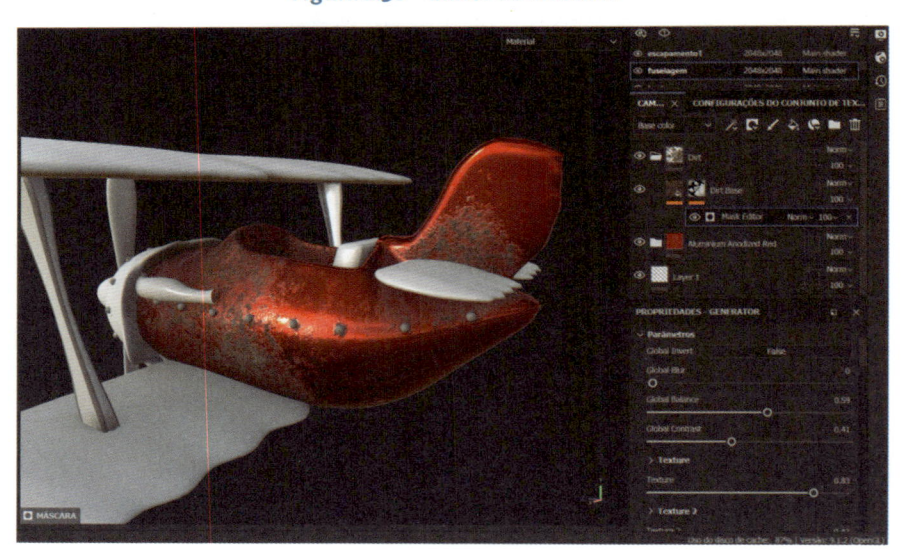

Figura 2.58 – Editor de máscara

Figura 2.59 – Propriedades para preenchimento

Figura 2.60 – Configurações globais

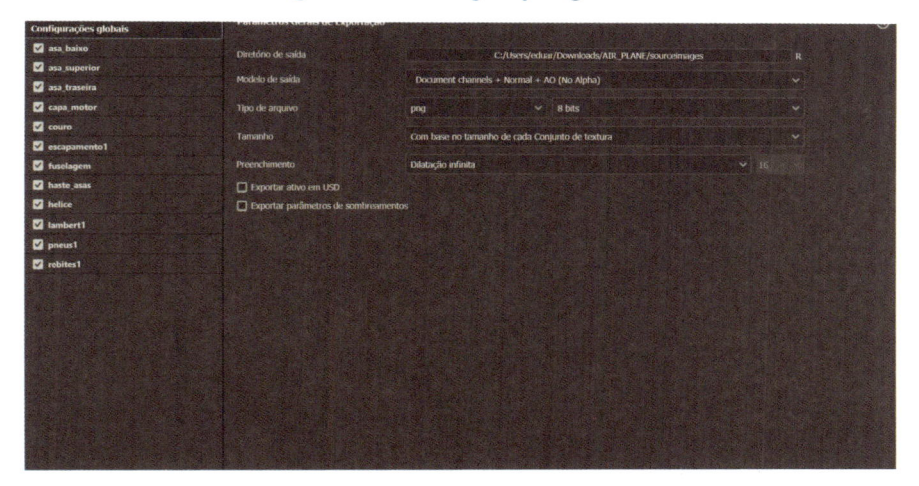

DESENVOLVIMENTO DE MODELAGEM TRIDIMENSIONAL

Figura 2.61 – Finalização

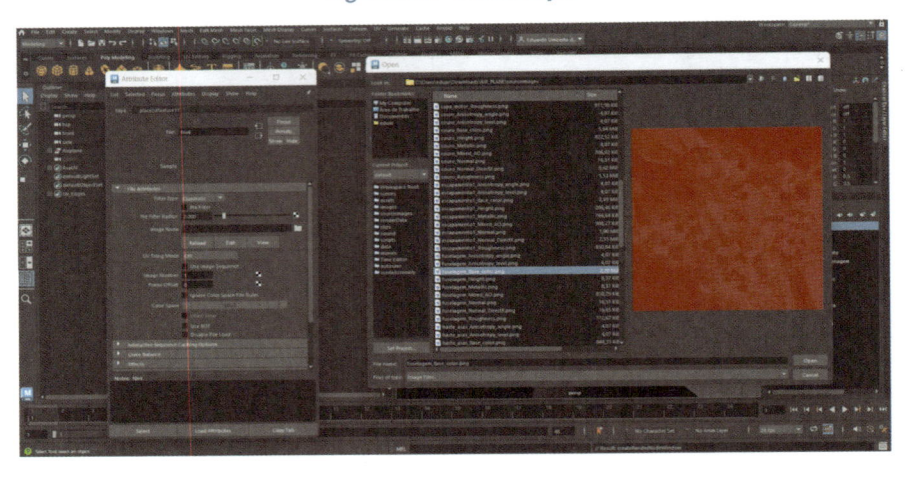

Figura 2.62 – Visualização no software

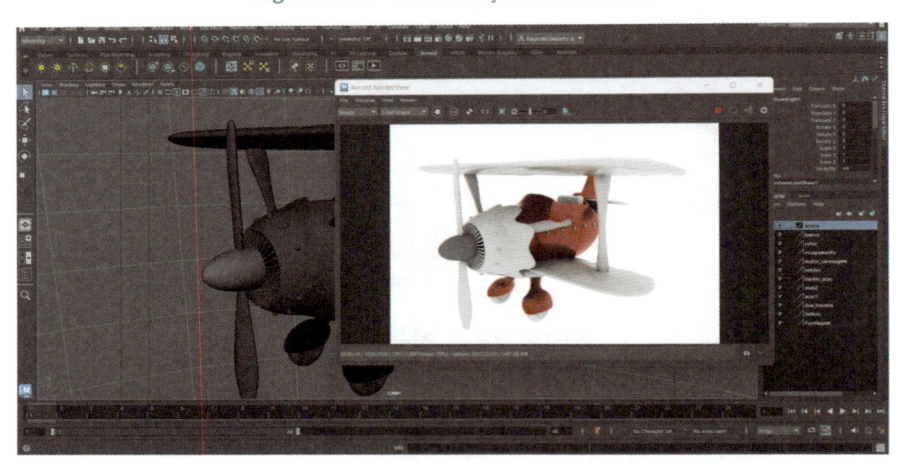

Figura 2.63 – Modelo final

O Substance 3D Painter é, portanto, uma ferramenta poderosa para *texturização* e *pintura de modelos 3D*. Com um pouco de prática, você poderá criar texturas realistas e de alta qualidade para seus projetos.

DICAS

- Utilize *predefinições* para aplicar rapidamente configurações de pintura ao seu modelo.
- Crie texturas com base em *sons e músicas*.

- Use a *pintura avançada de canais* para pintar em canais específicos da textura, como albedo, *normal map*, *roughness map*, etc.

- Importe *gráficos vetoriais (SVG)* para usar como texturas em seu modelo.

- As camadas do software proporcionam liberdade para criar *conexões* entre diferentes elementos da sua arte, incluindo adornos e texturas. Experimente combinações e personalize seus modelos 3D.

Escultura

Imagem de escultura de um rosto humano em barro gerada pelo software Mudbox. Fonte: criado com IA (Adobe Firefly).

Agora, vamos entender o que é *esculpir digitalmente* um personagem.

O que é uma escultura?

A escultura, a terceira das artes clássicas, nos leva a uma viagem pelo mundo das formas tridimensionais. Mais do que representar objetos e seres, a escultura materializa ideias, emoções e histórias. Por meio de técnicas como cinzelagem, fundição, moldagem e aglomeração de partículas, escultores transformam materiais como gesso, pedra, madeira, resinas sintéticas, aço, ferro e mármore em obras de arte expressivas e atemporais.

A escultura não se limita a imitar a realidade. Ela pode ser abstrata, figurativa, realista ou surrealista, explorando infinitas possibilidades de expressão. Resiste ao tempo, preservando memórias, culturas e valores para as futuras gerações. Além disso, transcende barreiras linguísticas e culturais, comunicando-se com pessoas de todo o mundo por meio da forma e da emoção.

Algumas *técnicas esculturais* são:

- *Cinzelagem:* com o uso de ferramentas manuais, o escultor esculpe o material, removendo material aos poucos para revelar a forma desejada.

- *Fundição:* o material líquido, como bronze ou metal, é derramado em um molde, solidificando-se e criando a escultura.

- *Moldagem:* argila, gesso ou outros materiais maleáveis são moldados à mão ou com ferramentas para criar a forma da escultura.

- *Aglomeração de partículas:* partículas minúsculas, como areia ou metal, são unidas com um aglutinante, criando formas complexas e tridimensionais.

Ao longo da história, a escultura se adaptou e se reinventou, incorporando novos materiais, técnicas e estilos. Desde as esculturas rupestres da Pré-história até as obras contemporâneas inovadoras, a escultura continua a nos desafiar e inspirar.

O que é uma escultura 3D ou digital?

A *modelagem 3D tradicional* é um processo de criação de modelos 3D usando técnicas de engenharia e matemática. Ela envolve a criação de um modelo 3D a partir de uma série de pontos, linhas e faces.

Os softwares de modelagem 3D mais tradicionais são o *Autodesk Inventor* e o *Autodesk Mudbox*. São usados principalmente por engenheiros e designers para criar modelos 3D de produtos, máquinas e estruturas.

Esculpir digitalmente usando o software Mudbox, que também pode nos ajudar na pintura digital (desde que tenhamos a malha aberta ou as UVs), é uma alternativa na hora de pintar algum projeto. Para o exercício do avião, esse software talvez não seja a melhor ferramenta, mas, para adicionar detalhes em outros projetos, principalmente orgânicos, ele cria essa malha de forma mais simples e entrega um trabalho interessante.

O Mudbox também cria uma pintura digital que devemos avaliar se pode ser um caminho no nosso projeto. Mesmo sabendo que o Autodesk Maya ou o 3ds Max conseguem entregar uma solução com todas as necessidades atendidas, vale a pena pensarmos em softwares que diminuam nosso trabalho/tempo e que sejam específicos para cada parte do projeto. Aqui vamos apenas mostrar que essa ferramenta pode ser usada na modelagem com subdivisão, para que o objeto fique o mais realista possível.

Já a *escultura digital* é um processo de criação de modelos 3D usando técnicas da escultura tradicional. Ela envolve a criação de um modelo 3D a partir de um bloco de material virtual. É perfeita para criar personagens, criaturas e objetos com detalhes intrincados.

Os softwares de escultura digital incluem o *ZBrush*, o *3ds Max*, o *Maya* e o *Blender*.

Figura 2.64 – Escultura digital no Mudbox

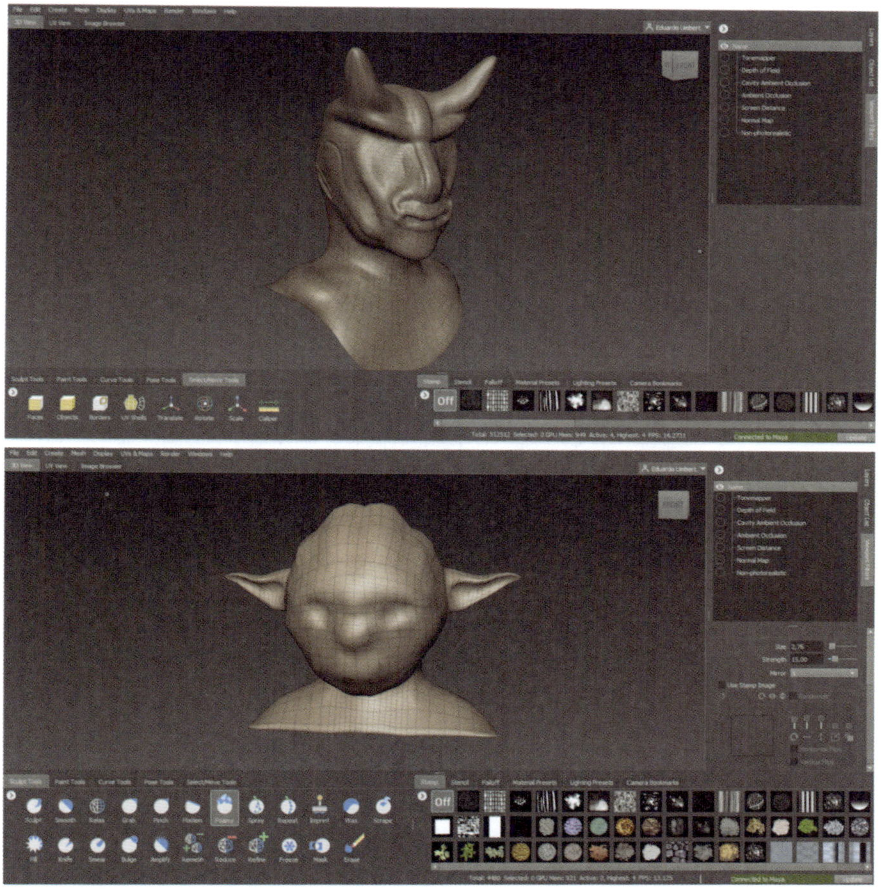

Exemplos de escultura digital de malha com muitos polígonos no Autodesk Mudbox.

Figura 2.65 – Importação de malha no Mudbox

Importação de malha 3D no Autodesk Mudbox, no qual podem ser feitas várias subdivisões e inclusão de detalhes realísticos.

Figura 2.66 – Camada (layer)

Também é possível inserir uma camada (layer) para a pintura 3D do avião.

Figura 2.67 – Escolha de cor

Figura 2.68 – Pintura

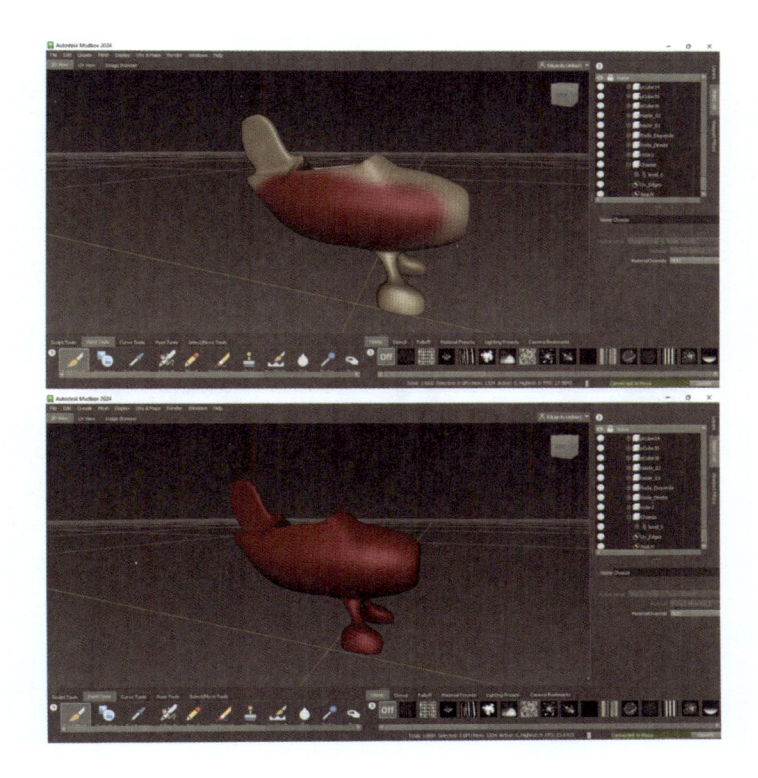

Figura 2.69 – Finalização

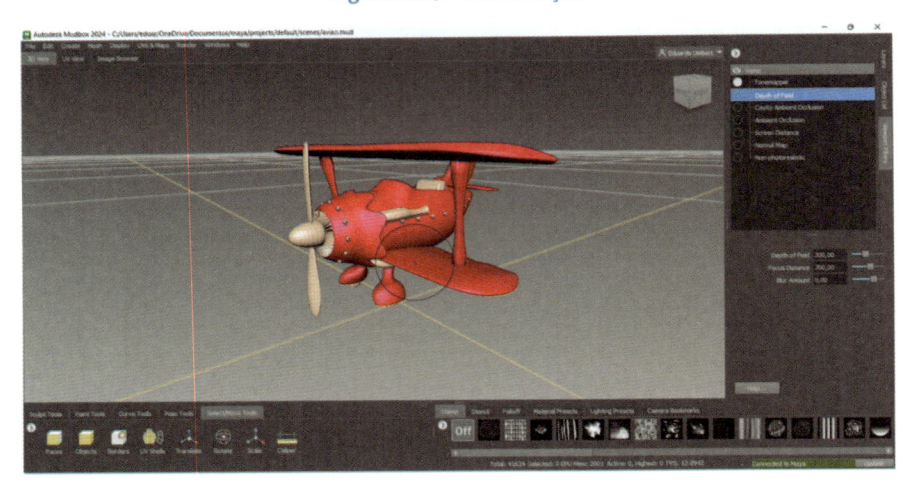

Figura 2.70 – Escultura digital

Em modelagem de personagens, podemos utilizar muitos polígonos para criar uma escultura digital com alto detalhamento, como rugas e poros na face.
Fonte: criado com IA (Adobe Firefly).

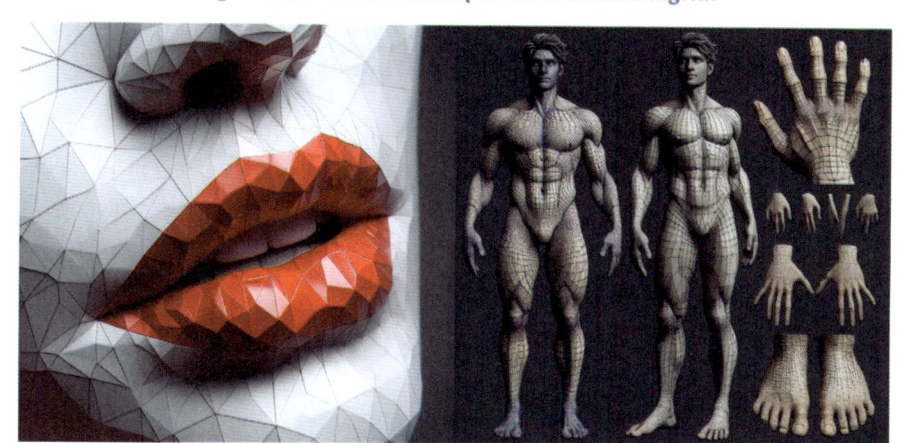

Figura 2.71 – Outros exemplos de escultura digital

Iluminação e render

Fonte: criado com IA (Adobe Firefly).

Neste tópico, você entenderá como configurar a iluminação e o render de acordo com o projeto. Aprofundaremos este assunto no último capítulo, que trará todos os aspectos da renderização. Por ora, vamos nos familiarizar com alguns conceitos.

A iluminação e a renderização são etapas cruciais na modelagem 3D, responsáveis por dar vida ao seu modelo. *A iluminação cria a atmosfera e o realismo, enquanto a renderização converte o modelo em uma imagem final.*

A iluminação em uma cena 3D é similar à iluminação em um ensaio fotográfico. Em ambas as áreas, busca-se criar uma atmosfera específica, realçar elementos importantes e guiar o olhar do espectador. A grande vantagem da iluminação 3D reside na flexibilidade de posicionar luzes e câmeras em locais inacessíveis no mundo real.

Figura 2.72 – Câmeras e iluminação

Esquema de posicionamento de câmeras e iluminação para um ensaio fotográfico.
Fonte: criado com IA (Adobe Firefly).

Também conhecida como iluminação dos 3 pontos, essa técnica utiliza três fontes de luz estrategicamente posicionadas para criar uma ilusão de tridimensionalidade em suas imagens. O segredo, portanto, está no jogo de luzes e sombras. As três fontes de luz básicas são:

- *Key light (luz principal)*: a luz mais importante define a iluminação principal da imagem. Posicionada à frente do objeto ou pessoa, cria sombras acentuadas.

- *Fill light (luz de preenchimento)*: suaviza as sombras criadas pela *key light*. Posicionada lateralmente, preenche os espaços vazios e cria um efeito mais natural.

- *Back light (contraluz)*: realça os detalhes e evidencia a profundidade. Posicionada atrás do objeto ou pessoa, cria um efeito de halo de luz.

Figura 2.73 – As três fontes de luz básicas

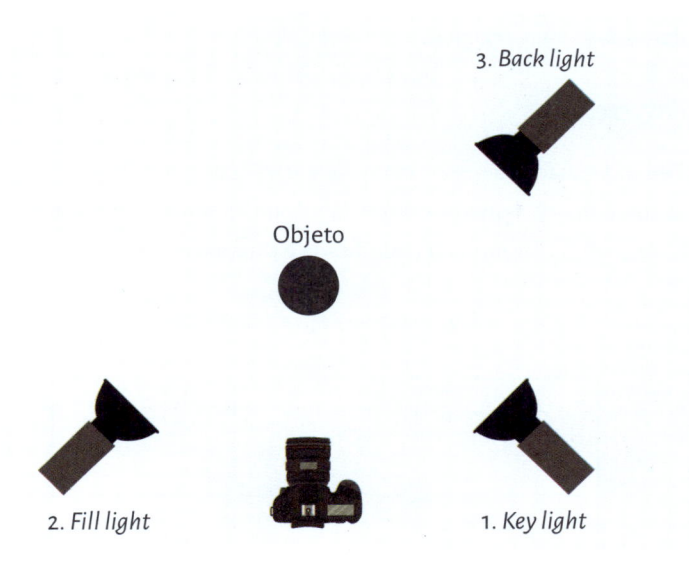

DICAS

Para aplicar a iluminação 3D,

- **comece com a luz de menor efeito:** ajuste a luz mais fraca primeiro para observar suas nuances;

- **use o contraste a seu favor:** combine cores quentes e frias, ou luzes fortes e fracas para criar impacto;

- **crie uma composição:** use as luzes para guiar o olhar do espectador pela imagem.

A composição de uma cena 3D é igual para uma fotografia ou um vídeo. Conheça, a seguir, as *regras mais famosas da fotografia* e aprenda a usá-las para dar vida às suas criações.

Regra dos terços

Divida o quadro a seguir em nove partes iguais por linhas imaginárias, posicionando os elementos importantes nos pontos de interseção. Essa técnica cria uma composição equilibrada e dinâmica.

Figura 2.74 – Regra dos terços

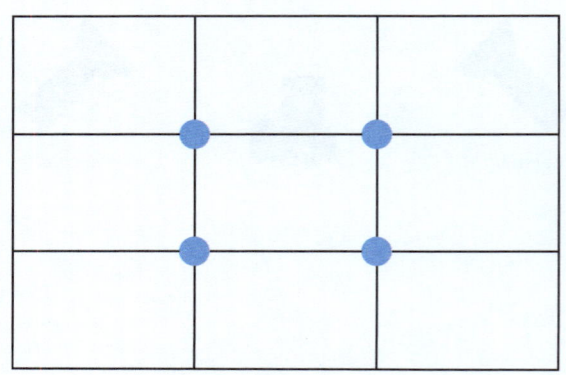

Simetria

Organize os elementos da imagem de forma simétrica em relação a um eixo central. Essa técnica cria uma sensação de ordem, equilíbrio e harmonia.

Figura 2.75 – Simetria

Linhas guias

Utilize linhas naturais ou artificiais presentes na cena para conduzir o olhar do observador para o ponto focal da imagem.

Figura 2.76 – Linhas guias

Canal de Veneza, Veneza, Itália.

Profundidade

Crie a ilusão de profundidade na imagem utilizando diferentes planos, como primeiro plano, plano médio e plano de fundo.

Figura 2.77 – Profundidade

Basílica da Estrela, Lisboa, Portugal.

Padrões

Explore a repetição de elementos para criar uma composição interessante e ritmada.

Contraste

Utilize o contraste entre luz e sombra, cores e texturas para destacar elementos importantes da imagem.

Enquadramento

Escolha cuidadosamente o que incluir e o que excluir da sua imagem por meio do enquadramento. Experimente diferentes ângulos e perspectivas para encontrar o mais interessante.

Figura 2.78 – Enquadramento

Torre de Belém, Lisboa, Portugal.

Simplicidade

Evite sobrecarregar a imagem com muitos elementos. Uma composição simples e minimalista pode ser mais impactante.

Originalidade

Não tenha medo de experimentar e quebrar as regras para criar imagens únicas e expressivas.

ARREMATANDO AS IDEIAS

O mundo da modelagem 3D é um portal para um universo de criatividade sem limites. Aqui, você pode moldar realidades virtuais que transcendem a imaginação. Mas, como em qualquer jornada, o caminho para o sucesso exige conhecimento, planejamento e estratégia.

Neste capítulo, conhecemos as áreas de atuação profissional em modelagem 3D, os tipos e técnicas de modelagem, as ferramentas de edição e os diferentes softwares utilizados para importar imagens e criar um material tridimensional. Além disso, aprendemos como realizar o mapeamento de texturas, esculpir digitalmente e configurar a iluminação e o render de acordo com cada projeto.

Para obter êxito nesta jornada, domine a ferramentas básicas; defina seus objetivos (saiba o que deseja criar e o nível de detalhamento necessário); escolha o tipo de modelagem ideal; selecione os materiais adequados (texturas, mapeamento UV e *shaders* contribuem para o realismo do seu modelo); use softwares 2D e 3D em conjunto (eles se complementam e expandem suas capacidades criativas); mantenha o foco e a atenção.

Por fim, abrace a complexidade: o universo 3D é rico em detalhes e possibilidades. Observe o mundo ao seu redor com uma perspectiva 3D, buscando inspiração em cada detalhe. Deixe sua imaginação correr solta!

CAPÍTULO 3

Animação de elemento tridimensional

Ao longo do trabalho de animação e modelagem tridimensional, existe um processo em que adicionamos um esqueleto virtual ao modelo 3D para possibilitar sua animação. Você sabe que etapa é essa?

Se pensou no rigging 3D, acertou!

O rigging 3D permite criar movimentos naturais, como dobrar membros ou girar a cabeça de um personagem, e garantir o controle e a flexibilidade das animações. É uma etapa imprescindível nesse fluxo.

As oportunidades para riggers 3D iniciantes no Brasil têm crescido bastante, especialmente pelo aumento da demanda por conteúdo digital, como filmes, séries, jogos e produções para plataformas digitais. As indústrias de entretenimento e publicidade – e mesmo setores de arquitetura e design – estão buscando profissionais com habilidades em rigging 3D.

Se você é um artista que se preocupa com a estética das suas criações, gosta de lógica e, além dessas características, também gosta da área de programação (apesar de não ser um requisito para entrar nesse mercado), você tem uma forte tendência para a área de rigging.

Neste capítulo, vamos iniciar nossa conversa traçando um panorama das etapas de produção de uma animação 3D. Depois, vamos entender as competências e funções de um profissional de rigging, a relação dele com o animador, o skin e seu fluxo, as estruturas de controle, a retopologia e o Constraint de parentesco. Você verá que a magia acontece também nos bastidores.

1. POR DENTRO DAS ETAPAS DA PRODUÇÃO

Para trazer uma visão geral do fluxo de trabalho de uma produção 3D, listamos aqui um resumo das etapas. Algumas você já aprendeu nos capítulos anteriores, como o planejamento e a modelagem; outras estudaremos a partir de agora.

É importante levar em consideração que, dependendo do projeto, é possível acrescentar tópicos e também remover algumas etapas. Portanto, sugerimos encarar esta lista apenas como um guia.

1. *Planejamento do roteiro*
    - ☐ Roteiro inicial
    - ☐ Ficha técnica dos personagens (documento a ser entregue)
    - ☐ Roteiro técnico (inclui cenas, falas, tempos e enquadramentos)
    - ☐ Storyboard ("história em quadrinhos" do roteiro)
2. *Pré-produção*
    - ☐ Conceito dos personagens (em conformidade com a ficha técnica)
    - ☐ Conceito dos cenários (de acordo com o tempo em que se passa a história)
    - ☐ Storyboard digital (de acordo com o roteiro técnico)
    - ☐ Style guide/artbook com os concepts (documento a ser entregue)
    - ☐ Animatic (vídeo a ser entregue/storyboard animado sincronizado com som)

3. **Modelagem 3D (LookDev, Props e Assets)**

    ☐ Modelagem 3D dos personagens (de acordo com o guia de estilos)

    ☐ Modelagem dos cenários

    ☐ LookDev dos Assets e personagens

    ☐ Props e Assets 3D (elementos que devem interagir com personagens e elementos que apenas compõem os cenários)

4. **Planejamento do rigging**

    ☐ Plano de rigging com os diagramas de articulações

    ☐ Controles e controladores

5. **Rigging**

    ☐ Personagens riggados

    ☐ Props e Assets riggados

    ☐ Sistemas de IK e DK configurados

6. **Animação**

    ☐ Sequências de animação para personagens e Props e Assets

7. **Layout**

    ☐ Plano de posições e movimentos de câmera

    ☐ Marcações para atores de voz

8. **Iluminação**

    ☐ Configuração de luzes e efeitos de iluminação

    ☐ LookDev

9. *Renderização*

- ☐ Configurações de renderização
- ☐ Sequências renderizadas

10. *Edição*

- ☐ Montagem de cenas
- ☐ Edição de áudio
- ☐ Trilha sonora
- ☐ Efeitos sonoros

11. *Pós-produção*

- ☐ Correção de cor
- ☐ Efeitos visuais adicionais
- ☐ Sequências de pós-produção

12. *Distribuição e exibição*

- ☐ Versões do filme para diferentes formatos de exibição
- ☐ Envio para festivais

13. *Marketing e promoção*

- ☐ Materiais promocionais (pôsteres, trailers, teasers)
- ☐ Estratégia de marketing

14. *Lançamento*

- ☐ Disponibilização do curta-metragem para o público
- ☐ Eventos de lançamento

15. *Avaliação e feedback*

☐ Feedback da audiência e críticos para melhorias futuras

☐ Relatórios de desempenho

São muitos detalhes, não é mesmo? Para facilitar nossa compreensão, ilustramos a seguir o *passo a passo de uma produção de animação 3D*.

Figura 3.1 – Etapa 1: ideia

DICA

Conte a ideia para muitas pessoas de sua confiança. Dessa forma, você terá certeza de que ela é boa mesmo!

Figura 3.2 – Etapa 2: roteiro

ROTEIRO

Escreva um bom roteiro, crie resumos da história, pense em tudo que é preciso para os cenários. Enquanto escreve, pense nos enquadramentos.

DICA

Quanto mais detalhado for o roteiro, mais simples será a criação das próximas etapas. Mas tome cuidado para não deixá-lo tão complexo...

Figura 3.3 – Etapa 3: storyboard

STORYBOARD

É hora de desenhar! Os detalhes fornecidos no roteiro serão fielmente seguidos para a representação visual da história.

DICA

Não se preocupe tanto com o traço; o mais importante é pensar nos enquadramentos das principais cenas, como uma história em quadrinhos.

Figura 3.4 – Etapa 4: som

SOM

É hora de pensar no som, efeitos sonoros, vozes, trilha musical e clima para cada momento da história.

DICA

Pense no som olhando para o roteiro todo. Isso será muito útil para evitar retrabalho!

Figura 3.5 – Etapa 5: Animatic

ANIMATIC

Agora é o momento de sincronizar o som com os acontecimentos do roteiro pensando nas cenas.

DICA

Neste momento, são definidos os tempos de cada cena.

Figura 3.6 – Etapa 6: concept art

CONCEPT ART

Agora é a hora de se preocupar com um design atraente para toda a história, cenários, personagens, etc.

DICA

Aproveite os detalhes fornecidos na fase do roteiro e também do storyboard.

Figura 3.7 – Etapa 7: modelagem

MODELAGEM

Blocagem, escultura, retopologia: é hora de levar a história para o ambiente 3D.

DICA

A lista de elementos pensada na fase do roteiro será muito útil agora. Eles precisam ganhar volumetria tridimensional.

Figura 3.8 – Etapa 8: textura

DICA

A paciência nessa fase é primordial. Para cada elemento, realize a abertura de malha para facilitar a texturização.

Figura 3.9 – Etapa 9: rigging

RIGGING

Organize agora os sistemas de movimentação dos personagens e também dos props (properties) que compõem os cenários.

DICA

Para as pessoas que têm raciocínio lógico e metódico, essa etapa pode ser muito prazerosa. Agora, se o artista não curtir muito a organização, esse poderá ser o seu maior pesadelo.

Figura 3.10 – Etapa 10: animação

ANIMAÇÃO

Às vezes a parte mais esperada das etapas de uma produção 3D é o momento que damos vida à criação.

DICA

Um dos artistas mais ligados a essa etapa são os atores. O animador usa as ferramentas produzidas pelo rigger para expressar a identidade e mensagem propostas pelo filme.

Figura 3.11 – Etapa 11: iluminação

ILUMINAÇÃO

O design de iluminação é ideal para dar aquele clima na história. A iluminação tem o poder de conduzir o sentimento!

DICA

Realize testes e mais testes para ter certeza da configuração de iluminação que deseja para cada momento do filme.

Figura 3.12 – Etapa 12: VFX

VFX

A produção de efeitos especiais pode deixar o filme ainda mais surpreendente.

DICA

Para além dos conhecimentos generalistas, conheça mais sobre os softwares utilizados nessa parte da indústria.

Figura 3.13 – Etapa 13: render

RENDER

Tudo pronto: vamos renderizar, colocar o projeto no forno e esperar algumas horas para ver como ficou...

DICA

Antes de colocar para renderizar, tenha certeza de que tudo está devidamente configurado.

Figura 3.14 – Etapa 14: composição

COMPOSIÇÃO

Juntar os frames é um momento muito esperado! Agora estamos na zona de softwares de edição de áudio e vídeo.

DICA

Ao juntar partes do filme, já estamos perto do fim e será possível ter uma ideia clara sobre a sua produção.

Figura 3.15 – Etapa 15: edição

EDIÇÃO
Corte trechos, ajuste tempos e encaixe sincronizando com o animatic. Crie Motion Graphics para transições e efeitos.

DICA

Dependendo da estratégia e dos seus conhecimentos em VFX, muitos efeitos podem ser resolvidos nessa etapa com a técnica Motion Graphics.

Figura 3.16 – Etapa 16: cores

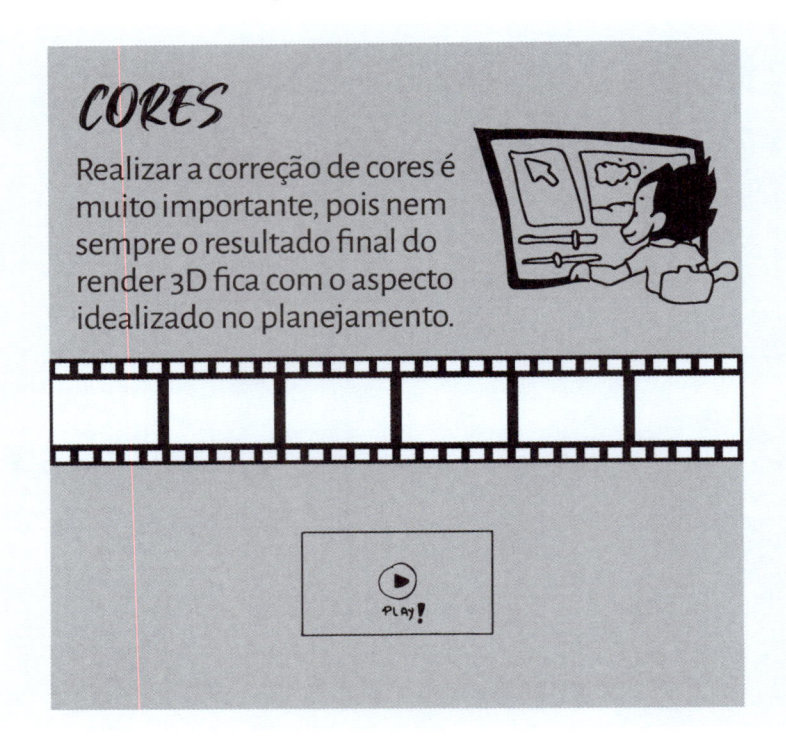

CORES

Realizar a correção de cores é muito importante, pois nem sempre o resultado final do render 3D fica com o aspecto idealizado no planejamento.

DICA

Lembre-se de usar as cores a favor da narrativa. Por exemplo: um clima tenso pode ser facilmente resolvido ajustando a paleta de cores daquela cena no software de edição.

Figura 3.17 – Etapa 17: finalizado

PRÁTICA

1. A partir da análise das etapas de uma produção 3D, qual das afirmativas a seguir está incorreta?

a. Para riggar um elemento 3D, é necessário que todos os setores estejam em comunicação para melhorar a assertividade no resultado.

b. Quando o projeto 3D está chegando nas últimas etapas, ainda assim é possível fazer alteração no roteiro sem comprometer o tempo de entrega.

c. A animação deve ocorrer sobre o som já gravado de acordo com o animatic.

d. A modelagem 3D deve seguir fielmente o que foi concebido e aprovado durante a fase de concept.

2. O RIGGING 3D

Imagine a seguinte situação: você precisa produzir uma animação sobre as aventuras de determinado personagem. Suponha que ele precise realizar muitos movimentos. Talvez ele tenha que correr, pular e até se abaixar. Por onde começar a produção?

Antes de conhecer o processo, poderíamos imaginar muitas maneiras de realizar essas animações. Por este assunto se tratar de rigging, que é o foco deste capítulo, é importante compreender o quanto é essencial criar a estrutura esquelética do personagem. Essa estrutura irá facilitar bastante a animação do personagem, que se transforma numa verdadeira marionete, semelhante àqueles bonecos articulados.

O cuidado que você precisa ter é em relação às distorções que a malha do personagem sofrerá de acordo com os pontos de junções ou bones (ossos). É imprescindível que as deformações ocorram em conformidade com a proposta definida no planejamento da animação.

Além disso, a criação de controladores do personagem também é essencial, para que o animador não precise ficar procurando os recursos no software para dar vida ao personagem. Lembre-se: o objetivo é facilitar os sistemas de movimento para o animador.

Skin e o alinhamento do esqueleto

Pensando no personagem, podemos dizer que o rigging envolve a construção de um sistema de esqueleto, composto por uma hierarquia de ossos, para representar a estrutura esquelética do personagem.

Quando a estrutura está montada sobre a malha do personagem, o movimento dos ossos ainda não surtirá efeito sobre o movimento do personagem, passando a ser necessário realizar um procedimento de *deformação*, conhecido na maior parte dos softwares como *skin*.

O rigger então realiza o procedimento distribuindo pesos de influências dos ossos sobre a malha do personagem, de modo que ela obedeça à deformação condicionada sobre o movimento dos ossos ou junções.

Quando o movimento dos ossos do braço for realizado, a malha do personagem que representa o braço será influenciada sobre o movimento do osso e sofrerá deformações de acordo com a articulação.

Esse procedimento deve ser realizado em todo o personagem e deve ser pensado cuidadosamente para cada articulação.

Para que essa etapa do rigging seja realizada de maneira otimizada, é necessário que a modelagem do personagem favoreça o rigging. Por isso, a etapa de skin é preferencialmente realizada sobre a modelagem *low poly*, ou seja, com poucos polígonos, facilitando a distribuição da pintura dos pesos da deformação.

Enquanto a pintura dos pesos ocorre, realizam-se testes de movimento para verificar a qualidade da deformação com a aplicação de modificadores de suavização, geralmente denominada em alguns softwares como *smooth*.

IMPORTANTE

A atribuição adequada dos pesos evita deformações indesejadas, assegurando movimentos naturais e fluidos.

Fluxo para o skinning

Vamos conhecer o *passo a passo* detalhado do skin, desde a preparação do rigging até a finalização.

Passo 1. Preparação do rigging

Antes de iniciar a pintura dos pesos, é importante ter um rig bem construído. Certifique-se de que os ossos/joints estejam corretamente posicionados e hierarquizados para oferecer um controle adequado sobre o personagem durante a animação. Os pontos de ancoragem, quando bem posicionados, poderão trazer mais realismo para o momento da dobra da articulação.

Figura 3.18 – Configuração de skin

Prints de tela de um braço de personagem recebendo configuração de skin no Autodesk 3ds Max.

Passo 2. Seleção de ferramentas

A localização das ferramentas de pintura de pesos varia de acordo com o software 3D que você estiver utilizando (Maya, 3ds Max, etc.). Geralmente, elas estão localizadas na seção de rigging ou de modificação de objetos.

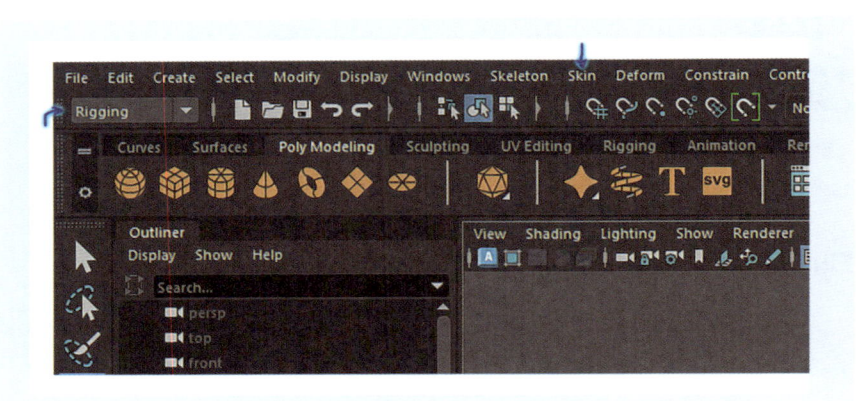

Figura 3.19 – Seleção de ferramentas

Exemplo na interface do Autodesk Maya.

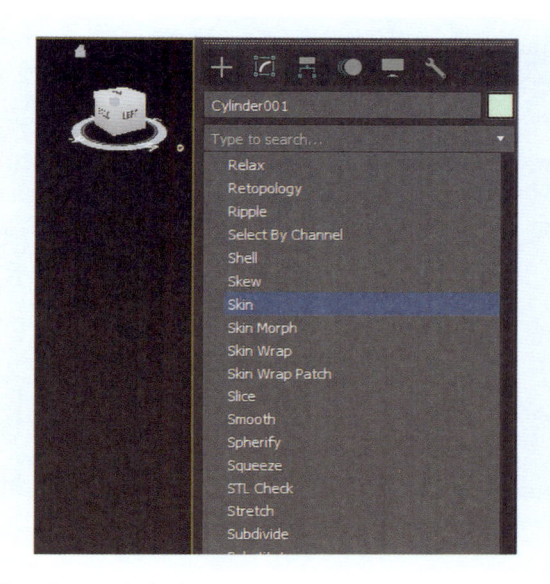

Figura 3.20 – Seleção de ferramentas

Exemplo na interface do Autodesk 3ds Max.

Passo 3. Seleção dos componentes

Selecione a malha (mesh) do personagem e, em seguida, os ossos aos quais deseja atribuir pesos. Muitos programas permitem a seleção de múltiplos ossos ao mesmo tempo para facilitar o processo.

Passo 4. Modo de pintura de pesos

Entre no modo de pintura de pesos. Isso geralmente é representado por uma interface que mostra a malha do modelo com uma representação visual dos pesos atribuídos a cada vértice em relação aos ossos selecionados.

Figura 3.21 – Modo de pintura de pesos

Exemplo na interface do Autodesk Maya.

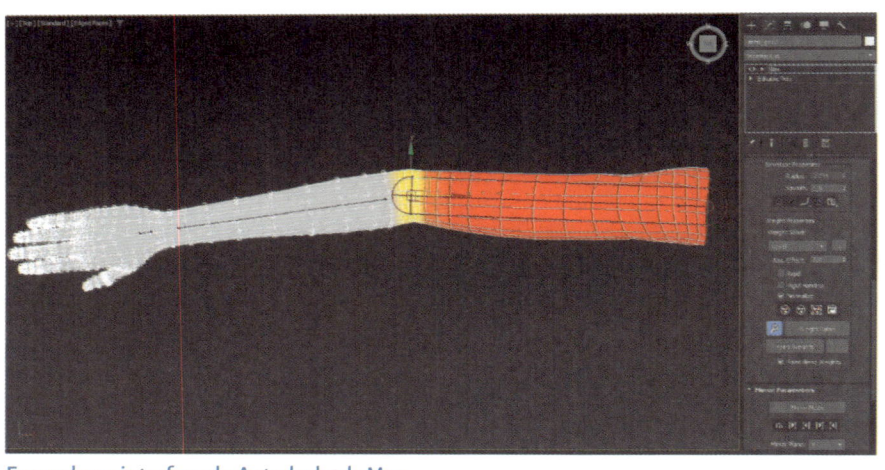

Figura 3.22 – Modo de pintura de pesos

Exemplo na interface do Autodesk 3ds Max.

Passo 5. Atribuição de pesos

Com as ferramentas de pintura, atribua os pesos aos vértices da malha em relação aos ossos selecionados. Comece com valores baixos e vá ajustando conforme necessário para evitar deformações indesejadas. Muitos programas oferecem opções para ajustar a intensidade da pintura, suavizar transições e visualizar os pesos atribuídos.

Passo 6. Verificação e ajustes

Verifique a deformação da malha enquanto faz a pintura dos pesos. Animações de teste ou manipulações manuais dos ossos podem ajudar a identificar áreas onde os pesos precisam ser ajustados para garantir que os movimentos sejam fluidos e realistas.

Passo 7. Refinamento e iteração

O processo de pintura de pesos pode exigir várias iterações para assegurar que a deformação da malha seja suave e natural em todas as poses e movimentos. Portanto, é importante continuar refinando e ajustando os pesos até alcançar o resultado desejado.

Controles

O principal objetivo do rigger é deixar o modelo 3D pronto para o animador realizar os movimentos. Portanto, quando a estrutura esquelética do personagem estiver concluída, os ossos do personagem estarão dentro da malha. Como isso dificulta o fluxo de trabalho do animador ao acessar os ossos para realizar as movimentações, surge a necessidade de criar *controles externos* ao redor do personagem ou do modelo 3D.

Essas estruturas de controle incluem alças, sliders (deslizadores) e switches (interruptores), possibilitando maior agilidade no acesso ao osso, que precisa ser movimentado para criar determinada animação.

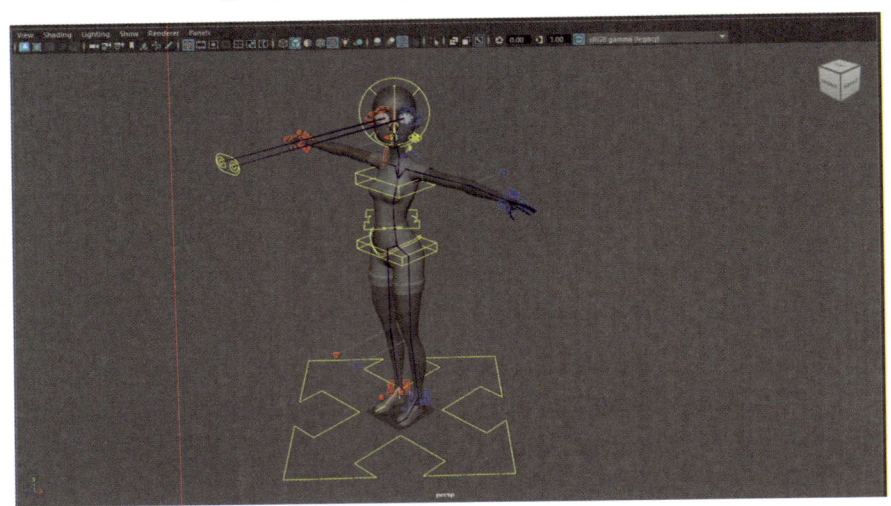

Figura 3.23 – Exemplo de personagem riggado

Print de tela de um modelo de personagem completamente riggado no Autodesk Maya.

Às vezes, pode surgir a dúvida: o rigging deve ser realizado no mesmo software em que foi feita a modelagem? Não necessariamente.

Alguns estúdios de animação optam por manter a pipeline direcionada para o mesmo software do início ao fim. Dessa forma é mais fácil voltar para corrigir algo de modelagem que é percebido no momento do rigging. No entanto, a correção ainda poderia ser realizada em outro software e depois exportada para ser reaberta no software em que será realizada a animação.

Sobre o assunto, é importante compreender o seguinte: *os procedimentos específicos de rigging devem ser realizados no mesmo software em que será realizada a animação*, pois existem recursos e funcionalidades que são exclusivos do software. São diversas técnicas de rigging que se aplicam desde a personagens básicos humanos até rigs complexos para personagens não humanos ou criaturas sobrenaturais.

O desafio é encontrar um equilíbrio entre a simplicidade e o controle, garantindo rigs de fácil manipulação para animadores, e sem comprometer a expressividade do personagem. O aprimoramento contínuo das técnicas e ferramentas impulsiona a criação de personagens e animações cada vez mais realistas.

De modo geral, o rigging 3D é uma etapa essencial em estúdios e produtoras de animação, contribuindo para a criação de personagens envolventes e narrativas visualmente cativantes. Requer prática, expertise e adaptação às inovações tecnológicas.

PRÁTICA

2. Com relação ao conteúdo que aprendemos até aqui, qual das afirmativas a seguir está correta? (Pode ser mais de uma.)

a. É uma boa prática fazer animações sem criar controladores para um personagem, sem prever os movimentos que ele precisará fazer.

b. O principal objetivo do rigger é complicar a vida do animador, pois são áreas distintas.

c. Enquanto a pintura dos pesos ocorre, é necessário realizar testes de movimento para verificar a qualidade da deformação.

d. Um dos propósitos dos controladores é otimizar o acesso aos ossos do personagem.

O profissional de rigging

Para se tornar um bom rigger 3D, em primeiro lugar, é necessário ter um sólido *conhecimento técnico* em animação e modelagem 3D, especialmente rigging. Analisando os degraus de uma produção 3D, o rigging é uma das últimas etapas; dessa forma, o profissional deve conhecer toda a pipeline da produção, incluindo o *domínio das ferramentas e softwares* utilizados na criação de rigs.

Além disso, um rigger deve ser *criativo* e ter um *olhar artístico* apurado. A habilidade de *compreender a anatomia humana e animal*, bem como de analisar os movimentos reais, contribui para a criação de rigs realistas e expressivos, mesmo que a proposta da animação seja para o estilo cartoon. Ser *detalhista* e ter atenção aos pormenores é crucial, pois o rigging envolve a atribuição precisa de pesos e ajustes.

Outra característica importante é a *capacidade de trabalhar bem em equipe e de se comunicar* com os profissionais envolvidos no processo de criação, principalmente animadores e modeladores.

O rigger precisa entender as necessidades de cada projeto e ser capaz de traduzi-las em rigs eficientes. Estar disposto a aprender e *acompanhar as tendências e inovações tecnológicas* é essencial para se manter relevante no mercado competitivo de animação e efeitos visuais.

A *organização* também é fundamental para garantir o cumprimento de prazos e a entrega de rigs de alta qualidade. Reserve um tempo para conferir a topologia das modelagens e pensar nas lógicas de movimentação alinhadas com as necessidades dos animadores.

Ter *proatividade* é um ponto forte na hora de prever riscos, solicitar ajustes de modelagem e entender o que os animadores precisam. E mesmo cumprindo todas essas responsabilidades, poderão surgir reajustes nos rigs conforme demandas e comunicação com os animadores.

Embora seja desejável que um rigger 3D tenha conhecimento de uma variedade de softwares utilizados no mercado, não é obrigatório dominar todas as opções disponíveis. O mercado de animação e efeitos visuais é amplo e diversificado, com diferentes estúdios e produtoras utilizando uma variedade de ferramentas específicas.

As técnicas básicas de rigging podem ser aplicadas em diferentes softwares, porém as mais aprimoradas exigem o conhecimento técnico das ferramentas e maior maturidade com o software. Adequação de retopologia (que veremos adiante), criação de controladores eficazes, construção de cadeia IK e FK, e uma boa configuração de skin: todos esses são assuntos trabalhados pelo rigger e podem ser aplicados em qualquer software. Alguns dos softwares mais importantes nessa área são o Autodesk Maya, Autodesk 3ds Max e Blender.

Logo, a habilidade de *aprender novas ferramentas* rapidamente é um diferencial valorizado na indústria. Por mais que seja vantajoso conhecer uma variedade de softwares, o mais importante é ter uma compreensão profunda dos princípios do rigging, ser capaz de aplicá-los em diferentes contextos e de *se adaptar* a diferentes ferramentas de acordo com as demandas do projeto.

Também não é obrigatório saber *programação* para se tornar um rigger 3D bem-sucedido. Embora possa proporcionar vantagens em diversos cenários, o cerne do trabalho é criar rigs de qualidade que permitam movimentos naturais e expressivos aos personagens ou objetos.

IMPORTANTE

É comum que profissionais especializados tenham domínio de ferramentas específicas que se destacam em determinados segmentos da indústria. No entanto, o importante é que o rigger 3D tenha uma base sólida e saiba adaptar seus conhecimentos para diferentes softwares.

As principais habilidades de um rigger estão relacionadas ao conhecimento técnico em rigging, à *compreensão da anatomia e cinemática* dos personagens, ou seja, o estudo do movimento e da articulação de seus elementos, como ossos e juntas, com o objetivo de criar animações naturais e realistas.

No contexto do rigging 3D, a cinemática é aplicada para garantir que os personagens se movam de forma harmoniosa e coerente, imitando os movimentos do corpo humano ou de criaturas. Ela envolve o uso de hierarquias de transformações, como pivôs e restrições, para controlar o comportamento das partes do personagem durante a animação. Por meio da análise da cinemática, é possível estabelecer como as diferentes partes do corpo se relacionam entre si, definindo limites e alcances de movimento.

O rigger é um profissional que ocupa uma pequena fatia no mercado, os bastidores de desenvolvimento de qualquer projeto. Quando vemos um animador brilhar ao animar um personagem, certamente é porque o rigger brilhou também.

Para o seu crescimento como rigger, é importante conversar com pessoas da área. Não tenha medo de buscar feedbacks sobre o trabalho, pois, com a crítica, pode vir uma solução diferente e otimizada.

PRÁTICA

3. Qual das afirmativas a seguir está incorreta? (Pode ser mais de uma.)

a. O rigger é um profissional raro no mercado e precisa conhecer todas as etapas de uma produção, além de conhecer profundamente todos os softwares que são utilizados no mercado.

b. Embora seja desejável que um rigger 3D tenha conhecimento de uma variedade de softwares utilizados no mercado, não é estritamente necessário dominar todas as opções disponíveis.

c. O conhecimento em programação pode proporcionar vantagens em diversos cenários no fluxo de trabalho de um rigger.

d. Parte das habilidades de um bom rigger é conhecer sobre modelagem e entender se a deformação a ser realizada funcionará adequadamente no modelo a ser riggado.

Faturamento de um rigger

O trabalho de um rigger precisa ter uma linha do tempo. Estipular limites na criação pode ser útil para que se faça cumprir o prazo acordado. Por exemplo: se o cliente reclamar que o dedinho do pé do personagem X não está funcionando como deveria, ele precisa exigir isso por meio de um documento de checklist para realizar as cobranças de funcionamento do rig. Assim, cobra-se apenas o que estava nos acordos iniciais.

O faturamento de um rigger de personagens 3D pode variar significativamente com base em diversos fatores, como o nível de experiência, a demanda no mercado, o porte dos projetos em que está envolvido e a região geográfica em que atua.

Para riggers que trabalham como freelancers, estabelecer uma política de precificação justa e competitiva é crucial. Existem muitas maneiras de realizar o cálculo. A seguir, listamos algumas soluções.

Estipular o valor do projeto com base no tempo estimado para a conclusão

Saber quanto vale a sua hora é importante para ter uma estimativa coerente. Geralmente, profissionais que já trabalharam com prestação de serviços relacionados à área de computação gráfica possuem um valor base bem assertivo sobre o seu nível técnico.

Estipular o valor por horas trabalhadas

Para calcular o valor da sua hora, reflita a respeito de alguns pontos:

- Quanto quer ganhar mensalmente fazendo o que faz?

- Quantas horas pretende trabalhar diariamente para alcançar esse valor?

- O valor pretendido cobre as suas despesas, como água, luz, internet, equipamentos, softwares, vestimenta e ambiente favorável para o trabalho (cadeira, mesa e afins)?

- Quanto as empresas estão pagando? Se você está começando nessa área, não procure parametrizar a base salarial de um profissional sênior de empresas como DreamWorks, Pixar ou Disney. Busque empresas menores em que a base salarial tenha maior correspondência ao seu nível técnico evolutivo. Você pode utilizar o site Glassdoor ou LinkedIn para pesquisar vagas e salários.

- Já possui habilidades únicas, grande experiência ou oferece um serviço de alta qualidade? Isso poderá justificar o seu preço elevado. Valorizar o tempo do cliente é sempre o mais importante. Se você consegue prestar o serviço rapidamente e com muita qualidade, esse poderá ser um grande diferencial. Em contrapartida, se ainda não possui agilidade, seja coerente sobre o custo do projeto para não ganhar em tempo de execução, pois não é justo que o cliente pague pela sua demora na entrega.

Utilizar uma tabela de preços

Enquanto freelancer, você pode criar uma tabela de preços com padrões de rigs genéricos (por exemplo, um valor padrão para bípede, outro valor para quadrúpede, outro para Props e afins). Dessa forma, o cliente pode escolher e calcular o custo do projeto com base no seu catálogo. Leve em conta aqui a complexidade, seja qual for o tipo de rig.

Para qualquer uma das opções, é importante listar o número de rigs necessários e a quantidade de ajustes e refinamentos solicitados pelo cliente. Existem outras variáveis que podem influenciar seus custos, como a localização geográfica do freelancer, o escopo do projeto e o mercado em que atua. Pesquise os preços praticados na região e se posicione de forma competitiva, mas sempre considerando seu nível de experiência e a qualidade de seus rigs.

Não esqueça que, além do valor financeiro e da qualidade do trabalho, o atendimento é um dos fatores determinantes para a satisfação do cliente e para a construção de uma boa reputação profissional no mercado.

PRÁTICA

4. Com relação às sugestões fornecidas para precificação, qual afirmativa está incorreta? (Pode ser mais de uma.)

a. Saber quanto vale a sua hora é crucial para ter uma estimativa coerente.

b. O rigger iniciante deve cobrar como um rigger sênior muito experiente, pois o valor de um projeto independe do tempo de experiência do profissional.

c. O profissional que está começando não deve se guiar pela base salarial de um profissional sênior de empresas como Dreamworks, Pixar ou Disney.

d. Como rigger freelancer, durante a elaboração de um rig, o cliente pode acrescentar quantos ajustes e realizar quantas alterações desejar.

O rigger e o animador

Inicialmente, o rigger se comunica com o animador para entender as necessidades específicas do projeto. Isso pode envolver reuniões ou discussões para alinhar as expectativas em relação aos rigs e controles necessários para a animação.

Durante o processo de rigging, o rigger pode criar controles personalizados e ajustar os rigs de acordo com as preferências do animador. É crucial que o rigger esteja aberto a feedbacks e ajustes, buscando sempre atender às demandas do animador e garantir a melhor experiência de animação possível.

A comunicação contínua é fundamental à medida que o trabalho progride. O rigger pode fornecer atualizações sobre o status do rigging e deve estar disponível para responder a quaisquer dúvidas ou problemas que o animador encontrar ao trabalhar com os rigs. E o animador também pode fornecer feedback sobre a funcionalidade dos rigs e como eles se comportam durante a animação.

O feedback é valioso para o rigger porque permite ajustar e melhorar os rigs, um trabalho que exige aperfeiçoamento constante. A comunicação pode ocorrer pessoalmente ou por meio de plataformas de comunicação on-line, como e-mails, mensagens instantâneas e ferramentas de colaboração (Trello, Slack, etc.).

Existem dois universos de trabalho muito comuns para profissionais 3D: *filmes e séries*, e o universo da *publicidade*. Quando o rigger trabalha para o ramo da publicidade, a agilidade acaba sendo mais exigida dos artistas, porque a produção geralmente possui um curto prazo de entrega. Grandes estúdios que contam com profissionais alocados nesse setor buscam otimizar o tempo criando e utilizando ferramentas de Auto-rig que auxiliam na produtividade. Contudo, o uso dessas ferramentas não anula o conhecimento acerca do rig manual.

Já para o ramo de filmes e séries animadas existe um grande apego sobre os personagens, pois estes acompanham vários episódios. Para esse mercado, o tempo de produção é mais flexível, mas a produção de rigs inteligentes e otimizados é primordial. Como o personagem aparece muitas vezes em diversos episódios, pensar no rig dos diversos acessórios/Props é muito comum em uma rotina de trabalho de um rigger. Controles para animação da textura, inclusão automática de Props no personagem, entre outros detalhes, podem facilitar a vida do animador.

Outro ponto é que os personagens em séries infantis, por exemplo, possuem características muito semelhantes. Dessa forma, o trabalho do rigger gira em torno de certa padronização para otimizar o processo de ajustes futuros.

O personagem está riggado. E agora?

Pode caracterizar a conclusão do rigging o funcionamento completo de todos os pontos riggados aos olhos do rigger. Entretanto, o arquivo deve ser passado para o animador realizar os testes iniciais, familiarizar-se com o rig e compreender as suas funcionalidades. Isso envolve verificar como os controles respondem aos movimentos e garantir que todas as partes do personagem estejam devidamente articuladas.

Caso o animador detecte alguma falha ou inconsistência, imediatamente ele precisa acionar o rigger para solicitar os ajustes. Neste momento, é muito importante uma rápida interação para que o prazo não seja perdido e o projeto atrasado. Dependendo do estúdio e da organização da empresa, a figura de um supervisor de rigging pode ser necessária para mediar as solicitações de ajustes. Assim, ao entregar um personagem para análise, o rigger já poderia assumir outro imediatamente.

Para iniciar as animações, é importante que o animador busque referências do personagem ou de movimentos semelhantes para entender melhor as características físicas e comportamentais do personagem ou do objeto que será animado. Isso ajudará na criação de animações mais realistas e autênticas.

Antes de iniciar a animação completa, ocorre o planejamento da animação, como vimos no capítulo 1, no qual é analisado o que será animado em cada cena ou sequência. O animador então consulta materiais preconcebidos, como o roteiro, storyboard, layouts, referências visuais, model sheets, animatic 2D e o animatic 3D em alguns casos.

Figura 3.24 – Modelo de personagem

Print de tela de um modelo de personagem em pose de corrida no software Maya.

O animador começa criando as principais poses-chave da animação. Esta é uma fase básica, em que as poses principais são definidas, sem preocupações com detalhes sutis ou movimentos intermediários. Posteriormente, será realizado o refinamento da animação e ajustes.

Durante o processo, é comum revisar e receber feedback do supervisor, diretor ou outros membros da equipe. Isso ajuda a aprimorar a animação, garantindo que ela esteja alinhada com a visão do projeto. Não é adequado evoluir sem o acompanhamento da equipe, pois pode significar retrabalho e pontos de frustração.

É importante ocorrer a aprovação das poses principais. O animador adiciona movimentos intermediários, ajusta a dinâmica da animação e aperfeiçoa detalhes como expressões faciais e movimentos secundários. Somente depois das revisões finais e ajustes pontuados pela supervisão e pela equipe é que a animação poderá ser considerada finalizada.

Ao finalizar a animação, o animador exporta a sequência de animação no formato adequado para a composição e entrega ao departamento de pós-produção – esta etapa, no entanto, pode ser concluída pelo profissional de render, LookDev ou ainda o VFX.

O rigging tem um papel crucial na produção audiovisual: é ele que permite a criação de personagens animados ou a animação de modelos complexos em filmes, séries, comerciais, etc. O rigging transforma modelos estáticos em formas expressivas e animadas; envolve a criação de esqueletos, controles e deformadores que possibilitam ao animador manipular e movimentar personagens de maneira realista e dinâmica.

Quando o rig é bem projetado e otimizado, pode acelerar o processo de animação, permitindo que os animadores se concentrem mais na expressão artística e menos na solução de problemas técnicos. Isso resulta em produções mais rápidas e eficientes.

Na produção audiovisual, os riggers trabalham em estreita colaboração com modeladores, animadores e diretores. Essa colaboração é essencial para garantir que os personagens tenham a flexibilidade e a capacidade de movimento necessárias para contar a história de maneira convincente.

Retopologia

A retopologia é como esculpir a base perfeita para uma obra de arte 3D. É o alicerce que define o jeito como o modelo se move e ganha vida na animação. Quando esculpimos uma malha com uma topologia limpa e inteligente, tudo flui melhor.

Imagine moldar cada ponto do modelo como se fosse argila. Isso significa dar a cada junção, como os ombros ou joelhos de um personagem, a estrutura certa para receber os controles de animação (ossos ou manipuladores).

Muitas vezes, tanto na modelagem quanto no rigging esse assunto é negligenciado, causando complicações no momento da realização do skinning. Uma malha bem esculpida torna-se mais leve para o computador processar, o que melhora todo o processo de criação.

Evitar colisões indesejadas entre partes do modelo durante a animação é essencial. Além disso, uma malha bem esculpida é como um bloco de escultura maleável: é mais fácil mexer e ajustar, algo crucial na fase de rigging, quando é preciso garantir que tudo funcione perfeitamente com os controles de animação.

Constraint de parentesco

Objeto pai e objeto filho

Em rigging, um objeto será considerado pai quando é um controlador, osso ou elemento principal, e o outro será o filho quando é controlado por outro objeto. É comum utilizar sistemas de restrição para definição do movimento. No software de animação 3D, busque a opção *Constraints* ou *Restrições*. Geralmente, há uma opção específica para criação de link Constraint ou Constraint de parentesco.

Configuração do Constraint

Ao aplicar o Constraint de parentesco, o software cria uma relação entre os dois objetos. Nas configurações do Constraint, é possível ajustar a influência do pai sobre o filho. Isso determina o momento da timeline que o objeto filho seguirá o movimento do pai.

Animação e movimentação

Durante a animação, use o objeto pai como controlador para movimentar o objeto filho. Isso é especialmente útil para criar movimentos como um personagem segurando um objeto ou uma esteira rolante que carrega os objetos depositados nela durante determinado tempo.

Se for necessário que o objeto filho pare de seguir o movimento do pai, é possível remover o Constraint de parentesco. Basta desativar o Constraint, e o objeto filho passa a ser animado de forma independente.

O Constraint de parentesco é uma ferramenta versátil e essencial no processo de rigging. Ao criar movimentos complexos e realistas, ela garante que elementos específicos sigam o movimento desejado sem a necessidade de ajustes manuais constantes.

E por falar em animação... Essa é uma das últimas etapas responsáveis pela transmissão de mensagens dentro do processo de produção 3D. Seus 12 princípios são tão importantes que influenciam até projetos que não possuem animação envolvida, como imagens estáticas de personagens, por exemplo.

O bom animador consegue identificar esses princípios fundamentais nos movimentos do dia a dia e reproduzi-los em suas obras. Dessa forma, é muito importante buscar a interação entre eles e o personagem, fazendo o personagem transmitir diferentes mensagens mesmo sem alterarmos sua modelagem, material, textura, etc.

RESPOSTAS DA PRÁTICA

1. B
2. C e D
3. A
4. B e D

ARREMATANDO AS IDEIAS

Neste capítulo, iniciamos revisitando etapas da produção 3D e conhecemos outras. Agora você já conhece bem tudo o que acontece na fase de rigging, que envolve deformações, controles e diversas configurações dentro de softwares para produzir movimentos fluidos em uma animação.

Você pode encontrar espaço para trabalhar nessa área em estúdios de animação, agências de publicidade, empresas de jogos, produtoras audiovisuais ou mesmo em seu próprio negócio.

É fundamental ter um portfólio diversificado e demonstrar habilidades técnicas e criativas. Saiba se posicionar nas redes e cultivar relacionamentos: o networking e a participação em comunidades on-line ou eventos relacionados à indústria de animação e efeitos visuais podem ajudar a criar conexões e encontrar oportunidades de trabalho e projetos.

Investir em aprendizado contínuo, saber se adaptar a mudanças e acompanhar as tendências da indústria, como os softwares padrão, são diferenciais importantes tanto para animadores quanto para riggers 3D.

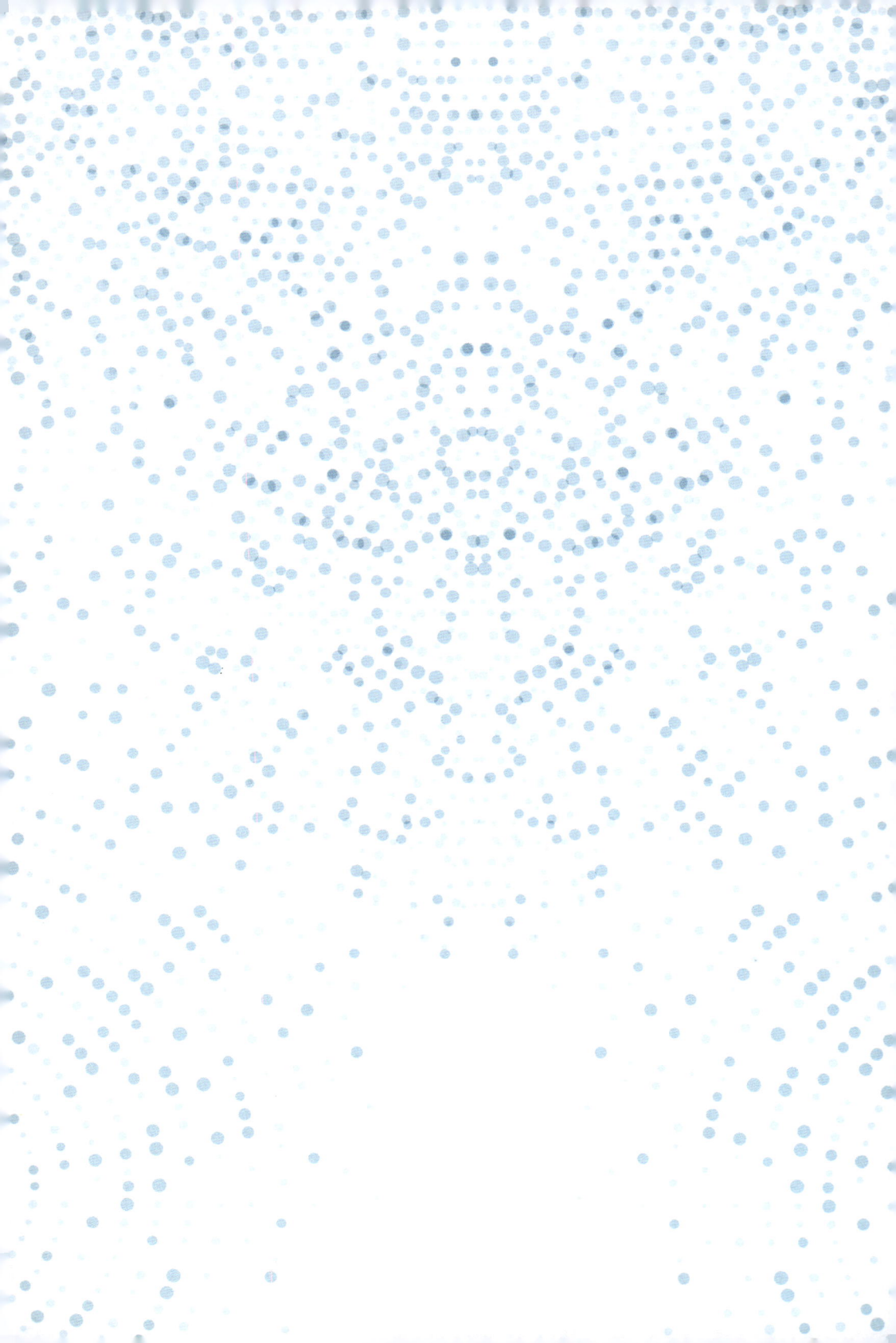

CAPÍTULO 4

Renderização de animação 3D

Chegou a hora de conhecer melhor a renderização, etapa em que todos os processos anteriores são finalizados.

Avatar foi um dos primeiros filmes a mostrar o potencial da renderização 3D ao criar cenários e personagens digitais que parecem tão reais quanto os atores. Dirigido por James Cameron e lançado em 2009, este filme foi um marco na indústria cinematográfica não apenas por sua história e efeitos visuais, mas também por sua inovação na tecnologia de renderização 3D.

O processo de produção de *Avatar* envolveu a criação de um mundo completamente digital chamado Pandora, habitado por criaturas alienígenas e uma vegetação exuberante. Para trazer esse mundo à vida de forma convincente, a equipe de produção utilizou técnicas avançadas de captura de movimento e de renderização 3D.

Para entendermos o que está por trás de tudo isso, vamos aprender, neste último capítulo, como escolher o formato de saída ideal para cada projeto, quais são os softwares de renderização, além das diversas técnicas e processos – como o render pass e a correção de cores – para finalizar um projeto de animação com sucesso.

1. FINALIZAÇÃO DE UM PROJETO DE ANIMAÇÃO

Após a árdua jornada de criar sua obra-prima animada, surge a dúvida crucial: qual formato escolher para dar vida à sua visão?

Este é o momento de configurar as opções de exportação do arquivo de animação, garantindo que o arquivo de saída atenda aos requisitos do projeto e às especificações de entrega.

Formato e arquivos

O tipo de arquivo deve ser compatível com o formato de vídeo (MP4, MOV, AVI). Você sempre deve estudar qual a melhor saída para o seu projeto e buscar o controle total sobre a qualidade da imagem – resolução, taxa de quadros e bit rate.

Bit rate significa taxa ou fluxo de bits, ou fluxo de transferência de bits. Nas telecomunicações e na computação, o bit rate é o número de bits convertidos ou processados por unidade de tempo.

Imagine cada quadro da sua animação como um pincel em uma tela em branco. A sequência de imagens, por exemplo, lhe dará a liberdade de revisar cada detalhe, ajustar erros e aprimorar cada cena. É ideal, portanto, para animações complexas, em que a precisão é fundamental.

Vejamos os tipos de arquivo indicados para cada saída:

- *Imagens estáticas:* JPEG e PNG para capturas perfeitas de momentos específicos da sua animação.

- *Sequência de imagens:* TIFF, EXR ou PNG para fluidez e precisão em animações complexas.

- *Vídeos:* MP4 e MOV para visualização final e compartilhamento da sua obra-prima, com a praticidade de um único arquivo.

Outras opções para dar vida à sua criação são:

- *Animação interativa:* para tornar sua obra ainda mais envolvente, permitindo que o público interaja com ela. Exemplo: colocar um arquivo de software 3D em uma engine de jogos 3D, em que podemos criar passeios virtuais ou começar um jogo.

- *Impressão 3D:* para eternizar sua animação em materiais impressos de alta qualidade.

Você deve exportar imagens individuais de acordo com o seu objetivo. O formato JPEG é ideal para visualização on-line, enquanto o PNG oferece maior qualidade para impressões ou trabalhos gráficos mais exigentes.

DICA

Para escolher o formato perfeito, experimente diferentes formatos e veja qual se encaixa melhor na sua visão. Você também pode consultar um profissional de animação para obter orientação especializada. Mas lembre-se: a escolha do formato é apenas uma etapa na jornada de animação 3D. Dedique atenção a cada detalhe, explore as ferramentas disponíveis e deixe sua criatividade brilhar!

2. RENDERIZAÇÃO

A renderização 3D é o processo de transformar modelos tridimensionais em imagens 2D por meio de softwares de computador especializados. Imagine pegar um objeto virtual e "fotografá-lo" de qualquer ângulo e iluminação, criando imagens realistas ou estilizadas.

Essa tecnologia é utilizada em diversos setores, como: *cinema e animação* (para criação de personagens, cenários e efeitos visuais); *jogos eletrônicos* (para desenvolvimento de ambientes virtuais imersivos e personagens realistas); *arquitetura e design* (para visualização de projetos em 3D antes da construção real, permitindo ajustes e aprovações); *marketing e publicidade* (para criação de imagens e vídeos para produtos, campanhas e demonstrações).

E como chegamos à renderização 3D?

Como vimos em outros capítulos, primeiro cria-se a *modelagem 3D*, um modelo digital do objeto ou cena, utilizando softwares especializados.

Depois, aplica-se *texturas* ao modelo – isto é, cores, padrões e materiais – para torná-lo mais realista.

Define-se então a *iluminação* da cena, considerando a luz principal, a luz de preenchimento, a luz de fundo e outras luzes de efeito.

Por fim, ocorre a *renderização*. O software de renderização calcula a interação da luz com os objetos e texturas, gerando a imagem final.

Os *tipos* de renderização 3D são:

- *Renderização realista:* busca criar imagens fotorrealistas, imitando ao máximo a aparência do mundo real.

- *Renderização não fotorrealista:* utiliza estilos artísticos específicos, como cartoon, pintura a óleo ou aquarela.

A renderização 3D é, portanto, uma técnica que permite dar vida a ideias e projetos. Com o avanço da tecnologia, a renderização 3D se torna cada vez mais acessível e utilizada em diversas áreas.

Vamos ver um exemplo de renderização no software Maya com Arnold. Para iniciar o processo, clique em *Renderizar*.

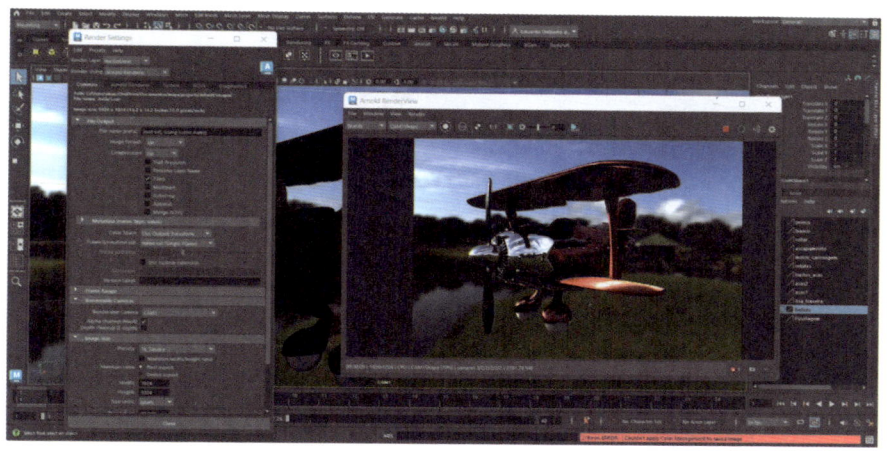

Figura 4.1 – Configurações de renderização

Print de tela com as configurações para renderização no software Maya com Arnold.

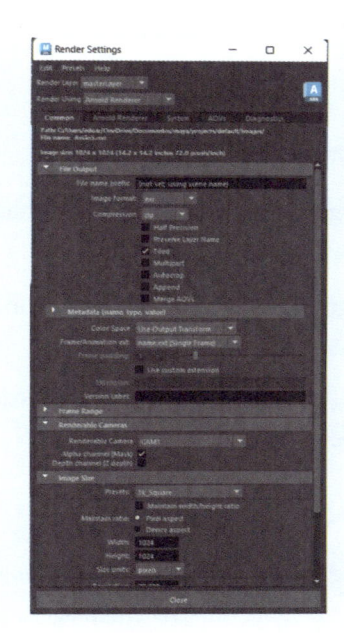

Figura 4.2 – Configurações de renderização: detalhe

Figura 4.3 – Configurações de renderização: detalhe

IMPORTANTE

Algumas *vantagens* da renderização 3D são:

- *Visualização precisa:* permite visualizar projetos e ideias com clareza antes da construção ou produção.

- *Flexibilidade:* possibilita alterações fáceis em cores, materiais, iluminação e ângulos de câmera.

- *Custo-benefício:* reduz a necessidade de protótipos físicos e permite explorar diferentes opções sem custos adicionais.

Motores de renderização

Os motores de renderização são softwares ou conjuntos de algoritmos que transformam dados de uma cena 3D em imagens 2D finais. Eles são essenciais para produzir *imagens realistas ou estilizadas* a partir de modelos tridimensionais.

Existem diferentes tipos de motores de renderização, cada um com suas próprias técnicas e características. Alguns dos mais comuns incluem:

- **Renderização em tempo real:** produz imagens de forma rápida o suficiente para permitir interatividade em tempo real, como em jogos de videogame ou aplicativos de visualização 3D. Exemplos: Unity, Unreal Engine e CryEngine.

- **Renderização off-line:** produz imagens de alta qualidade, mas geralmente em um tempo de processamento mais longo. Usada em filmes, comerciais, animações e outras produções em que o tempo de renderização não é um fator crítico. Exemplos: V-Ray, Arnold, RenderMan, Blender Cycles, e Octane Render.

- **Renderização baseada em física:** utiliza modelos físicos para simular a interação da luz com os objetos na cena, produzindo resultados altamente realistas. Considera propriedades como reflexão, refração, dispersão e absorção da luz. Exemplos: Arnold, Maxwell Render e LuxRender.

- **Renderização estilizada:** cria estilos de renderização específicos, como desenhos animados, pinturas ou efeitos visuais estilizados. Exemplos: Toon Shader em Unity e NPR (Non-Photorealistic Rendering) em Blender.

Arnold

O Arnold é um motor de renderização com fotorrealismo desenvolvido pela empresa Solid Angle, adquirida posteriormente pela Autodesk em 2016. De algoritmos sofisticados, é amplamente utilizado na indústria de efeitos visuais, animação e produção cinematográfica para criar imagens de alta qualidade e realismo.

A principal característica do Arnold é sua capacidade de *renderização baseada em física*, o que significa que ele simula com precisão como a luz interage com os objetos na cena. Isso resulta em imagens extremamente realistas, com reflexos precisos, sombras suaves e iluminação natural.

Além disso, o Arnold é conhecido por sua eficiência e escalabilidade. Ele é projetado para aproveitar ao máximo os recursos de hardware disponíveis, como CPU e GPU, permitindo renderizações rápidas e de alta qualidade. Também suporta a renderização distribuída, isto é, pode ser usado em um ambiente de rede para dividir o trabalho de renderização entre vários computadores, acelerando ainda mais o processo de renderização.

O Arnold é bastante utilizado em produções de alto perfil, incluindo filmes, séries de TV, jogos de videogame e projetos de visualização arquitetônica. Sua eficiência e capacidade de produzir resultados realistas o tornam uma *escolha popular* entre os artistas e estúdios que buscam qualidade e desempenho em suas renderizações 3D.

V-Ray

O V-Ray é um plugin de renderização 3D de *alta qualidade*, disponível para as principais plataformas de design, como 3ds Max, SketchUp, Rhino, Revit, Maya, entre outras. É muito usado em setores como:

- *Visualização arquitetônica:* criação de imagens fotorrealistas de projetos arquitetônicos, tanto para interiores quanto exteriores.
- *Publicidade:* produção de imagens e animações 3D para anúncios, banners e outros materiais promocionais.
- *Efeitos visuais:* geração de efeitos visuais para filmes, séries e animações.
- *Design de produto:* visualização de produtos em 3D para fins de marketing e desenvolvimento.
- *Jogos:* criação de ambientes e personagens 3D para jogos.

Listamos aqui as *características principais* do V-Ray:

- *Renderização fotorrealista:* utiliza tecnologia de rastreamento de raios adaptável e inteligência de cena proprietária para criar imagens e animações com alto realismo.

- *Opções de renderização flexíveis:* suporta renderização com CPU, GPU e híbrida (CPU + GPU), oferecendo flexibilidade para escolher a melhor opção para cada projeto.

- *Materiais e texturas avançados:* inclui uma biblioteca extensa de materiais e texturas pré-configurados, além de ferramentas para criar materiais personalizados.

- *Iluminação global e efeitos atmosféricos:* permite simular iluminação natural e artificial com precisão, bem como criar efeitos atmosféricos como neblina, poeira e fumaça.

- *Ferramentas de integração:* integra-se com diversos softwares de modelagem 3D, facilitando o workflow e otimizando a produtividade.

Quanto aos *benefícios* do V-Ray, podemos citar:

- *Qualidade de imagem superior:* o V-Ray é conhecido por sua capacidade de gerar imagens e animações com qualidade fotorrealista.

- *Eficiência e velocidade:* oferece opções de renderização flexíveis, otimizando o tempo de renderização e permitindo que você trabalhe de forma mais eficiente.

- *Facilidade de uso:* possui uma interface amigável e intuitiva, o que o torna acessível tanto para iniciantes quanto para usuários experientes.

- *Versatilidade:* pode ser usado em diversos setores e para diferentes tipos de projeto, desde visualização arquitetônica até efeitos visuais.

A renderização pode ser um processo demorado para animações complexas, que exigem computadores com capacidade de processamento elevada. Encontrar o software de renderização ideal é um desafio, mas a recompensa vale a pena.

Muitas vezes, entra em cena a renderização em nuvem – quando empresas disponibilizam seus computadores para gerar imagens on-line e cobram por esse serviço. Pode ser vantajoso, pois eles têm grande capacidade de processamento e isso libera sua máquina para outros trabalhos.

Passes de render

Dentro de cada imagem gerada ainda podemos nos deparar com um processo que chamamos de render pass. Esse processo permite controlar cada aspecto da renderização, abrindo um mundo de possibilidades criativas.

Figura 4.4 – Render pass

Print de tela com exemplo de render pass no software Maya com Arnold.

Render passes e render elements, embora sejam termos frequentemente usados como sinônimos, possuem uma *distinção* importante:

- *Render passes:* são as etapas individuais do processo de renderização que, combinadas, geram a imagem final.
- *Render elements:* são os dados específicos extraídos de cada render pass, como cor, difusão, especularidade, etc.

Os *tipos de render elements* são:

- *Difuso (diffuse)*: captura a cor e a textura básica dos objetos na cena, sem levar em consideração reflexões ou sombras.
- *Specular*: representa as áreas da cena que são altamente reflexivas, como superfícies metálicas ou vidros.

- **Reflexão (reflection):** captura as reflexões dos objetos na cena, mostrando como eles refletem outros elementos.

- **Refração (refraction):** mostra como a luz é refratada ao passar através de objetos transparentes, como vidro ou água.

- **Sombra (shadow):** captura apenas as informações de sombra da cena, permitindo o controle separado da intensidade e suavidade das sombras.

- **Ambiente (ambient occlusion):** revela áreas onde a luz tem dificuldade em alcançar, como cantos e recessos, criando sombras suaves e detalhes adicionais.

- **Iluminação (lighting):** fornece informações sobre a iluminação global na cena, capturando a intensidade e a cor da luz em cada ponto.

- **Normal:** exibe a direção das superfícies em relação à câmera, permitindo ajustes de textura e iluminação com maior precisão.

- **Z-Depth (profundidade Z):** indica a distância de cada ponto na cena em relação à câmera; é útil para efeitos de desfoque e profundidade de campo na pós-produção.

- **ID object:** atribui uma cor única a cada objeto na cena, facilitando a seleção e edição de objetos individuais na pós-produção.

A utilização de render passes é fundamental para um *fluxo de trabalho profissional em 3D*, especialmente em animações e vídeos. Ao separar os elementos da renderização, você obtém flexibilidade e controle.

Você pode, por exemplo, realizar *ajustes posteriores com precisão*, editando elementos específicos sem precisar refazer toda a renderização. Imagine ajustar a cor de um objeto em uma animação de 1 minuto! Com render passes, você modifica apenas o canal Difuse, e a mudança se aplica automaticamente em toda a composição.

Combine e refine cada elemento criando visuais únicos e *personalizados*. Assim, você terá controle sobre cada aspecto da sua obra, desde a iluminação e texturas até os efeitos visuais e o pós-processamento.

Para ter maior *eficiência*, otimize o tempo de renderização e o uso de recursos do seu computador: renderize apenas os elementos necessários para cada cena, focando os aspectos que mais impactam o resultado final.

E onde aplicar render passes?

- *No cinema*: a indústria cinematográfica utiliza render passes para ajustar cores, iluminação e efeitos visuais com precisão impecável, garantindo realismo e impacto visual nas cenas.

- *Na animação*: renderizar elementos separadamente permite ajustar personagens, objetos e ambientes de forma independente, otimizando o fluxo de trabalho e agilizando a produção.

- *Nos jogos*: a otimização de recursos é crucial em jogos. Render passes permitem focar os elementos visíveis na tela, reduzindo o tempo de processamento e promovendo uma experiência fluida para os jogadores.

- *Na arquitetura e no design*: renderizar elementos como iluminação, materiais e texturas separadamente facilita a análise e o ajuste de cada aspecto do projeto, resultando em visualizações realistas e precisas.

IMPORTANTE

O render pass é uma ferramenta essencial para artistas 3D que desejam alcançar o nível máximo de profissionalismo. Com ele, você se torna capaz de:

- *combinar dezenas de elementos:* crie camadas complexas com total controle sobre cada componente da cena;

- *atender às suas necessidades específicas:* adapte a renderização às suas demandas criativas, desde realismo extremo até estilos abstratos e efeitos visuais inovadores.

Composição

Depois que os elementos individuais da cena são renderizados em camadas separadas ou canais de renderização, como cor, profundidade e reflexão, eles são combinados e ajustados durante a composição.

Em outras palavras, a composição une os diversos elementos renderizados de um projeto 3D, como personagens, ambientes, efeitos visuais e outros. É como montar um quebra-cabeça, organizando cada camada na cena e ajustando seus posicionamentos, escalas, rotações e opacidades.

A composição também envolve a integração de elementos 2D, como animações, gráficos e textos, para enriquecer a narrativa visual.

Considere aplicar técnicas de composição avançadas, como vinhetas, bokeh ou realce de bordas, para aprimorar a estética.

DICAS

- Manter seus arquivos bem organizados facilita o processo de finalização e edição posterior.
- Explore diferentes técnicas e efeitos para encontrar o estilo que melhor se adapta ao seu projeto.
- Lembre-se das preferências e expectativas do seu público-alvo ao fazer escolhas técnicas e estéticas.

Correção de cores

A correção de cores é um processo que visa aperfeiçoar a estética e qualidade da imagem. Ela vai além de simples ajustes visuais, atuando como uma ferramenta para:

- *Ajustar a estética geral do vídeo:* permite criar um estilo visual único para o seu projeto, seja ele realista, artístico ou com uma atmosfera específica.

- *Garantir uniformidade:* ajuda a manter a coerência das cores em diferentes cenas e tomadas, evitando variações indesejadas e criando um visual profissional.

- *Promover realismo:* pode ser utilizada para realçar detalhes, texturas e tons da imagem, aproximando-a da realidade e tornando-a mais atraente para o público.

- *Gerar impacto visual:* por meio da manipulação de cores, é possível criar efeitos visuais que transmitam emoções, destaquem elementos importantes da cena e prendam a atenção do espectador.

Podemos dizer que os aspectos essenciais da correção de cores são:

- *Contraste:* ajusta a diferença entre as áreas claras e escuras da imagem, impactando a profundidade e a percepção de detalhes.

- *Saturação:* controla a intensidade das cores, podendo torná-las mais vibrantes ou menos saturadas de acordo com o efeito desejado.

- *Temperatura da cor:* define a "calidez" ou "frialdade" da imagem, influenciando a atmosfera e o tom geral do vídeo.

- *Balanço de branco:* ajusta a neutralidade das cores, garantindo que os brancos sejam representados de forma precisa e evitando tons indesejados.

- *Curvas de tons:* permitem um controle mais preciso sobre a distribuição de tons claros, médios e escuros na imagem, possibilitando correções específicas e refinadas.

A correção de cores melhora a qualidade da imagem corrigindo problemas como iluminação inadequada e cores desbotadas ou dominantes, bem como melhora a nitidez e o contraste da imagem.

Ela também ajuda a transmitir a mensagem desejada. As cores podem ser utilizadas para evocar emoções, criar uma atmosfera específica e transmitir a mensagem do seu vídeo de forma mais eficaz.

Um vídeo com cores bem corrigidas reflete o profissionalismo e cuidado na produção, impactando a percepção do público sobre o seu trabalho.

IMPORTANTE

A correção de cores é um processo fundamental na produção cinematográfica, responsável por ajustar a paleta de cores de um filme para alcançar a estética desejada pelo diretor. Por meio da manipulação de elementos como brilho, contraste, saturação e matiz, os coloristas criam atmosferas específicas, realçam emoções e garantem a coesão visual do filme.

Adobe After Effects

O Adobe After Effects é um software que permite integrar o VFX e o Motion Graphics 2D em seus projetos de imagem ou vídeo, elevando-os a um nível profissional e imersivo.

Existem algumas opções de trabalho no After Effects. Você pode organizar seus elementos visuais em camadas para facilitar o controle e a edição; usar máscaras para revelar ou ocultar partes específicas de uma imagem ou vídeo; criar expressões para automatizar tarefas e adicionar interatividade ao seu projeto; e utilizar scripts para automatizar tarefas complexas e ampliar as funcionalidades do programa.

VFX

No VFX, é possível realizar simulações e criar efeitos realistas de fogo, água, explosões, fumaça e outros elementos físicos utilizando ferramentas como o Particular, RealFlow e Phoenix FD.

Além disso, você pode combinar elementos 3D com filmagens reais utilizando plugins como o Element 3D, Cineware e Maxon Cinema 4D Lite.

Com o Mocha Pro e o PFTrack, rastreie objetos em movimento na cena e aplique efeitos a eles de forma precisa e natural.

Combine também diferentes elementos visuais, como filmagens, animações e efeitos, em uma única imagem final utilizando o Precomp e o Adjustment Layers.

Motion Graphics 2D

No Motion Graphics 2D, crie animações de texto, logotipos, personagens e outros elementos gráficos utilizando as ferramentas Keyframe Animation, Shape Layers ou Puppet Tool.

Crie títulos e créditos dinâmicos e personalizados para o seu projeto com ferramentas como o Text Animator e o Paragraph Styles.

Crie transições fluidas e elegantes entre as cenas do seu vídeo com o Cross Dissolve, Wipe ou Morph.

Por fim, aplique efeitos visuais (glows, blurs, shadows) para aprimorar a estética do seu projeto.

IMPORTANTE

Se o seu projeto for uma *animação 3D*, você pode combinar diferentes elementos, como personagens, objetos e ambientes, para criar uma cena coesa e fluida. Utilize recursos como camadas, máscaras e modos de mesclagem para um controle preciso sobre a composição.

Na finalização, aplique efeitos visuais como brilho, reflexos, partículas e névoa para dar profundidade e realismo à sua animação. Use correção de cor, coloração e outros ajustes para criar o estilo visual desejado.

Exporte a animação final no formato ideal para o seu público-alvo e plataforma de distribuição. O formato MP4 é comum para web e dispositivos móveis, enquanto o MOV pode ser ideal para edição posterior. Considere fatores como codec, taxa de bits e resolução para equilibrar qualidade e tamanho do arquivo.

Se o seu projeto for um *vídeo*, temos algumas recomendações para os seguintes pontos:

- **Mesclagem:** combine takes renderizados individualmente, elementos gráficos e outros componentes para criar um vídeo completo. Utilize ferramentas de edição para cortar, recortar e transições suaves entre as cenas.

- **Aplicação de áudio:** adicione música, efeitos sonoros e narração para enriquecer a narrativa e aumentar o engajamento do público. Escolha sons de alta qualidade que combinem com o estilo e tom do seu vídeo.

- **Correção de cor:** ajuste as cores do vídeo para obter uma aparência uniforme e profissional. Utilize ferramentas de correção de cor para corrigir balanço de brancos, saturação e contraste.

- **Coloração:** aplique um estilo visual específico ao seu vídeo, como cinematográfico, desenho animado ou vintage. Utilize LUTs (Look Up Tables) ou ferramentas de gradação de cor para atingir o estilo desejado.

- **Sequência de imagens:** crie um vídeo a partir de uma sequência de imagens renderizadas com software específico ou ferramentas on-line. Esta técnica pode ser útil para stop motion ou animações 2D criadas quadro a quadro.

- **Configurações de mídias:** ajuste a taxa de bits, resolução e outros parâmetros do vídeo para que seja compatível com as plataformas de destino e para garantir uma boa qualidade de visualização.

- **Proporção da tela:** escolha a proporção de tela ideal para o seu público e plataforma de visualização. As proporções mais comuns são 16:9 para telas widescreen, e 4:3 para vídeos quadrados ou plataformas específicas.

- **Aplicação de efeitos:** utilize efeitos visuais para aprimorar a estética do vídeo e destacar elementos importantes. Experimente efeitos como slow motion, time-lapse, máscaras e transições criativas.

- **Exportação:** exporte o vídeo no formato ideal para o seu objetivo e plataforma de distribuição. Considere formatos como MP4, MOV, AVI ou WebM, levando em conta a compatibilidade e compressão adequada.

Organização de imagens renderizadas

Na produção de renderização, a organização de imagens renderizadas de acordo com os recursos visuais é uma boa prática para otimizar o fluxo de trabalho.

Utilize pastas e subpastas com nomes descritivos para identificar facilmente cada cena, personagem ou efeito.

Exemplos: "Cena 1"; "Personagem A"; "Efeito fumaça".

Outra sugestão é estabelecer uma convenção de nomenclatura consistente para facilitar a organização e a busca.

Exemplos: "Cena1_A_AVIAO_20244_11.png.png"; "Cena2_A_AVIAO_20244_transparente".

Vejamos os benefícios dessa organização:

- *Localização rápida:* encontre a imagem específica que você precisa rapidamente, reduzindo tempo de busca e otimizando o workflow.

- *Gerenciamento eficiente de arquivos:* organize e estruture os arquivos de forma lógica, facilitando backup, transferência e compartilhamento.

- *Melhoria na colaboração:* facilite a comunicação entre equipes, garantindo que todos os membros tenham uma visão clara e organizada das imagens renderizadas.

- *Aumento da produtividade:* otimize o processo de produção, reduzindo tempo e esforço desnecessários na busca de arquivos.

Os métodos de organização podem ser classificados da seguinte maneira:

- *Por tipo de renderização:* imagens finais, passes de renderização (difusão, normal, especular), texturas, mapas de sombra, etc.

- *Por tema ou conteúdo:* personagens, ambientes, objetos, efeitos visuais, etc.

- *Por estilo visual:* realista, cartoonizado, low-poly, etc.

- *Por sequência de renderização:* frames de animação, frames de uma cena específica, etc.

- *Por status de finalização:* renderização finalizada, em andamento, pendente de revisão, etc.

E quais ferramentas utilizar para organizar imagens renderizadas?

- ***Softwares de gerenciamento de ativos digitais (DAM):*** armazenamento, organização e categorização de imagens renderizadas com metadados e tags, facilitando a busca e o acesso.

- ***Sistemas de pastas e subpastas:*** criação de um sistema hierárquico com categorias e subcategorias relevantes para organizar as imagens.

- ***Nomeação de arquivos consistente:*** sistema de nomeação claro e descritivo para os arquivos, facilitando a identificação e organização.

Para entender o significado de uma frase ou termo específico durante a produção de renderização, forneça o máximo de informações possível sobre o contexto em que o encontrou.

A documentação do software de renderização que você estiver usando também poderá fornecer informações úteis sobre termos técnicos e o processo de renderização em geral.

Além disso, existem diversos fóruns e comunidades on-line em que você pode encontrar ajuda e informações sobre renderização.

ARREMATANDO AS IDEIAS

Como vimos neste capítulo, a renderização é o processo de converter um modelo 3D, suas texturas, iluminação e configuração da câmera em uma imagem 2D. Isso é feito por meio de um software de renderização, que calcula como a luz interage com os objetos na cena e gera uma imagem final.

A escolha do software e do formato ideal depende das necessidades do seu projeto, do seu público e dos seus objetivos. Avalie cada opção com cuidado, como um artista escolhe suas ferramentas.

Cada etapa de uma produção 3D é importante para garantir qualidade e profissionalismo à sua arte, seja ela uma imagem ou um vídeo. Mas lembre-se: as demandas podem variar e as fases podem se mesclar – afinal, cada obra-prima é única.

Referências

ABBY. SAGE computer system explained: everything you need to know. **History-Computer**, 2023. Disponível em: https://history-computer.com/sage-computer-system/. Acesso em: 3 maio 2024.

AUTODESK ARNOLD. Arnold – Arnold for Maya. **Autodesk Arnold**, [s. d.]. Disponível em: https://help.autodesk.com/view/ARNOL/ENU/?guid=arnold_for_maya_getting_started_am_Arnold_html. Acesso em: 3 maio 2024.

AUTODESK MAYA 2024. Standard Surface – Arnold for Maya. **Autodesk Maya 2024**, 2024. Disponível em: https://help.autodesk.com/view/MAYAUL/2024/ENU/?guid=arnold_for_maya_surface_am_Standard_Surface_html. Acesso em: 13 maio 2024.

AUTODESK. Principais recursos do Arnold 2024. **Autodesk**, 2024. Disponível em: https://www.autodesk.com.br/products/arnold/features. Acesso em: 17 maio 2024.

BATAGELO, H.; MARQUES, B. **Linha do tempo**. Notas de aula da disciplina MCTA008-17 Computação Gráfica. Disponível em: https://www.brunodorta.com.br/cg/linha-do-tempo. Acesso em: 22 abr. 2024.

BEANE, A. **3D animation essentials**. Indianapolis: Sybex, 2012.

BRUM, R. B. B.; MELO, R. B. B.; PEREIRA, T. D. Ficha de personagem extraída do projeto integrador do grupo do curso Técnico de Computação Gráfica 04N, *Viva um sonho, viva o épico! – CCPX*. **Senac São Bernardo do Campo**, 2018/2019.

CLARK, B.; HOOD, J.; HARKINS, J. **Inspired 3D advanced rigging and deformations**. Boston: Course Technology PTR, 2005.

FREITAS, A. S. **Autodesk Maya e Mudbox 2018**: modelagem essencial para personagem. São Paulo: Érica, 2018.

JUNIOR, A.; CARMO, L. **Adobe After Effects CC**. São Paulo: Editora Senac São Paulo, 2016.

KITADANI, L. A.; LIMA, P. H. V. Ficha de referências de cenário extraída do projeto integrador do grupo do curso Técnico de Computação Gráfica 04N, *Dino Mundi*. **Senac São Bernardo do Campo**, 2018/2019.

MAPEAMENTO UV. *In*: WIKIPÉDIA: a enciclopédia livre. **Wikimedia**, [s. d.]. Disponível em: https://pt.wikipedia.org/wiki/Mapeamento_UV. Acesso em: 3 maio 2024.

NASCIMENTO, G. C.; PONCE, G. C. C.; SOUZA, L. K. Cena do projeto de animação 3D do grupo do curso Técnico de Computação Gráfica 04N, *Golzin do Futuro*. **Senac São Bernardo do Campo**, 2018/2019.

O'HAILEY, T. **Rig it right! Maya animation rigging concepts**. Waltham: Focal Press, 2013.

PROENÇA, W. T. **Apostila do curso Maya 2008 – Básico em Animação**. São Paulo: Senac São Paulo, 2008.

THOMAS, F.; JOHNSTON, O. **The illusion of life**: Disney animation. Disney Editions, 1995.

WILLIAMS, R. **Manual de animação**: manual de métodos, princípios e fórmulas para animadores clássicos, de computador, de jogos, de stop motion e de internet. São Paulo: Editora Senac São Paulo, 2016.